U0099781

走出家庭壓力漩渦

跟情緒困局說再見

麥棨諾醫生　著

萬里機構

序言

　　身處於生活迫人的香港，情緒病可說是司空見慣。只是，我們往往只會把焦點放在患者的身上，如何治療他們？他們是否有攻擊性？他們會傷害我嗎？應怎麼與他們相處？有沒有發現，我們早就為情緒病患者定了位，對於患者們，總是抱着偏頗的態度。

　　作為精神科專科醫生，為患者治療的過程中，讓我也學會了事情的多面性，更令我了解到——情緒病與身邊人有着不可分割的關係。

　　多年的行醫經驗告訴我，年幼的患者身上最能體現到身邊人對患者的影響；每當小朋友出現難以理解的舉動、極端又疑惑的言語，探其究竟時，都會發現背後潛藏了一大堆的問題，家庭的複雜性、家人間的相處，以至成長過程中所經所歷。這些影響不局限於幼年，若然不積極面對，大部分的患者會把問題延伸至青少年時期，甚至成年後，依然會因與原生家庭糾纏不清的種種關係，在情緒低谷中無限沉淪，然後又再於新生家庭中不斷發酵，把問題繼續無了期地延伸下去。

　　除了着眼於情緒病的本質外，我們不妨把眼光放遠一點，向上望望，往下看看，這時你會發

現，患者由來以久的情緒問題，可能源於家中長輩、也可能是傳承了家中的傳統。昔日的資訊有限，對各種精神病一知半解，很多患者不為人察覺，病情因而被忽略。即使願意求診，也只會把問題推到患者的身上，不是怪責患者抗病力低，就是把問題歸咎到突發的事件之上，進而局限於解決患者的表徵，全然不會牽扯到患者的家庭、家人或是伴侶的關係之上。

環境因素及人生經歷往往是患者情緒問題的核心，這書收錄的，不止是別人的故事，更是我們每人每天都面對着，點點滴滴的生活細節，這些芝麻綠豆的小事情，在生活的軌跡中一點一點地累積，漸漸變成陰霾，讓自己、甚至身邊人陷入情緒漩渦。不獨是醫護人士，平凡如我們，在看待症病時，應嘗試持更寬容的態度和更廣闊的視角，探究引起他們不適的環境因素之餘，盡力以不同的方法，為其家庭尋找出路，多方介入協助患者及其家庭擺脫漩渦。

期盼這次的文字分享，能增加大家對情緒病的了解之餘，更能完整病情的拼圖，讓大家拼湊出患者、生活、家庭與疾病間剪不斷之聯繫。

目錄

Part 2 新生家庭與原生家庭的相互影響

婚姻生活

婆媳衝突

新生子女的管教

Part 1

原生家庭
對子女的影響

你就是子女，子女就是你。

子女就像是一面鏡，當子女還小時，父母是他們的
學習對象，他們會模仿你的一舉一動；當子女漸漸
長大，父母會發現，他們身上或多或少會有自己
的影子。事實上，不單單是父母的教養，家庭的關
係、父母的相處等都會無聲無色地影響着子女的人
際關係、價值觀、生活取向，甚至往後的人生路，
讓我們一同探究箇中的因果關係。

喝得到的鬱結

對你來說，酒有甚麼意義？兩杯落肚、暢所欲言？朋友相聚聊天的必需品？是讓你放下心中防禦、消鬱解憂的良品？還是讓你一覺好眠的補充品？對愷汶來說，酒似乎有另一個更深層的意義，不單是她唯一、更是她僅有的避風港。

酗酒解鬱

愷汶與社工一同到來，她看起來很年輕，面容卻因酗酒變得枯乾、身形較同齡少女來得纖瘦。愷汶一臉的不在乎，甚至連名字都不想告訴我，當我詢問她的名字時，她以極調侃的語氣說：「愷汶。」然後就不發一言。

身旁的社工晴姑娘見氣氛尷尬，立即熱心地說：「她不愛說話，讓我補充一點！」晴姑娘是愷汶的負責社工，在一次例行的深宵外展服務發現她流連街上，身旁有幾個年齡相若的年輕男女，口中吞雲吐霧之餘，手中又拿着啤酒，晴姑娘花了幾晚的時間，才成功與愷汶攀談起來。

「我真的很討厭回家！外出比待在家快樂得多！」愷汶直言。

我：「待在家令你有甚麼感受？」

愷汶靜止了兩分鐘，隨即大哭起來，整整哭了十分鐘，才稍為平靜下來，一邊抽泣，一邊告訴我她的感覺。

愷汶：「對我來說，家從來沒有溫暖過。我不怕寂寞，但每次回到空無一人的家，除了孤獨，莫名的生厭感油然而生，不知何解，總之就是很討厭自己；不想在鏡中看到自己的樣子，因為會想狠狠打下去；不願意看見自己的身體，因為每一部分都顯得很礙眼；不願意做任何事，因為覺得甚麼也做不好。」

我：「那你會怎樣面對這些情緒？」

愷汶開始表現得不耐煩：「我不知道！真的不知道！我只知道，流連酒吧讓我暫時忘記這些感覺，而且當我不想多談時，可以瘋狂地飲酒，飲醉了就一了百了，甚麼不快、甚麼討厭，通通都感受不到了！我最喜歡這種感覺，所以才每晚在不同的酒吧穿梭。」

酗酒源於家庭

我很確定愷汶的原生家庭出現問題，致使她出現種種難以言喻的負面情緒，連帶出現問題行為。可是，首兩次會面，她未能對我敞開心扉，傾談中一旦觸及家庭的話題，她就會避而不談。經過幾次見面後，愷汶才願意慢慢道出其家庭背景。

原來愷汶對家庭負面的想法，源自父母的離異。她現年 16 歲，9 歲時父母決定離婚，她一直不明所以，只知他們每天都唇槍舌劍、惡言相對。愷汶已記不清楚他們吵鬧的內容，只記得他們的怒火，時不時會蔓延到自己的身上，她清楚記得媽媽指着她大罵：「要不是你，我一早跟

你爸離婚了！我是為了你，才不得已留在這個家！」

此後，愷汶就把自己看成是父母關係決裂的罪人，父母由關係轉差到分開，已被滿滿的憤怒情緒沖昏頭腦，壓根兒沒心神照料當時 10 歲不到的愷汶的心理質素。愷汶一直認為，因為自己書讀得不好，父母才會不滿；因為自己不夠聽話，父母才會離異。她把父母離異的責任，都放到自己身上，不斷責備自己，因而培養長期低落的情緒。

愷汶現時與父親同住，七年的時光似乎未能把父親心中的傷口治癒，他仍然沉醉在離異的不快中，每天都借酒消愁，不喝到酩酊大醉不回家。媽媽早已另組家庭，更另有一子一女，沒時間也沒精力照顧愷汶，對她持愛理不理的態度，一年最多見面兩、三次，每次匆匆吃個飯就道別，對她的生活狀況可謂一無所知。

自我傷害

愷汶：「麥醫生，我終於找到讓自己心裏過得舒服點的方法！」自她進診症室，我已留意到她前手臂上多了幾道亦深亦淺的傷痕，不用說也猜到，同樣的傷痕，應該會出現在她後手臂及大腿之上。果然，她接着說：「我最近愛上了剄手。」我：「何解呢？」愷汶：「剄手的快感太好了！一剄完，我整個人都好像得到釋放。」我：「那你還有沒有流連酒吧？」愷汶：「不知是你的藥物，還是剄手的緣故，我的確少了蒲吧，有時朋友的盛情難卻，不得已之下才應約。」

個案剖析　酗酒自殘 只為逃避與發洩

　　愷汶低落的情緒其實不是突如其來，是經年積累而致的，由於苦無發洩方法，只好通過瘋狂飲酒來宣洩。她長期被父母忽略，既對人生無任何期望，又覺得沒有生存價值，偏偏流連酒吧令愷汶結識了不少新朋友，那些看看似毫無意義的邀請，「快來吧！我們在等你！」、「你今晚不來，我們就不離開！」，聽在愷汶的耳裏，就是對她的肯定，他們很需要愷汶、他們很重視愷汶，原來她的存在，並不是那麼的沒意義，至少還有一班酒肉朋友很需要自己！

　　可是，單靠由朋友得來的認同感，紓解不了愷汶抑壓已久的抑鬱情緒，不受控的負面情緒，轉化成自我傷害的動力；她發現，在自己討厭的樣貌、乞人憎的身體部位上，或深或淺地用剃刀劃出一道一道的血痕，藏在內心深處的內疚感，會突然消失無蹤，但僅維持一段短時間，很快就要通過再度剃手剃腳來重拾心中的釋懷。

　　愷汶最需要的，不是藥物治療，而是重拾對父母的信心，重整家庭的概念。她與父母的關係一日沒改變，她的抑鬱症也不會有痊癒的一天。

處理情感 方能重整關係

　　大部分的問題青少年，都與原生家庭有密不可分的關係。要讓青少年行為返回正軌，必需修補與家庭成員的關係，特別是摯親，他們對青少年有難以解釋的影響力。要讓青少年感受到摯親對他們確確實實的愛，不妨以簡單的行動，多打幾通電話、多傳幾個短訊，甚至在社交媒體表現關心之情，簡單的問候，已能在感情的缺口中找到一點點的光線，逐漸在彼此的角色中尋找平衡點，重新建立各人在家庭的位置。

醫生小建議

作為子女，我們沒能力控制父母所選擇的生活，但我們可以盡能力表達自己的訴求。千萬別以為年紀小就等於「無 say」，即使你不能以一己之力來改變現狀，但說出腦中所想、心中所憂，至少為纏繞不斷的煩惱絲來點情緒鬆綁，更能讓身邊人從不同角度來理解事情。

脫髮的花季少女

芳兒才 12 歲，實在沒有道理會有如此程度的脫髮現象，我細心檢查芳兒脫髮的頭皮，似乎並非自然脫落或是敏感發炎之類，疑似被外力強行扯斷，有些地方還牽帶着點點毛囊，有些地方則連毛囊都連根拔起。我感到眼前的小女孩，心中應該裝載了不少的煩惱，是關於甚麼呢？是學業成績？是同輩相處？還是家庭巨變？究竟是甚麼樣的苦惱，可以使一個處於外表就是一切的花季少女，故意破壞自己的外貌？

無意識地扯頭髮

「這只是無意識的行為，我沒甚麼壓力，也沒有煩惱，扯頭髮，是出於好玩？又或是習慣性？」芳兒解釋。

既然如此，我只好問她：「那有沒有甚麼時候，你會特別想扯頭髮？或是扯得很頻密？」

芳兒想了好一會，眼光停在與其一同入內的媽媽身上，接着對我說：「有時功課太多，遇上考試測驗之時，扯頭髮的次數的確較平常為多。不過，我想再重申一次，我本人不覺得這是個問題，我是被媽媽迫來的，我只是習慣性地扯去一丁點頭髮，其實有甚麼問題？為甚麼要為這個小習慣來看醫生？」

我知道她的解釋只是掩飾，特別是她最後的幾句話，明顯是讓媽媽知道她的不滿，她心底裏很清楚這個行為讓自己的外表變得有點難看，同學們亦因其頭皮狀態而取笑她，她直言現正努力調整自己的心態，說服自己忽略他人的看法，自己也別老是在這種小問題上輾輾轉轉。我再查問芳兒的睡眠質素、會否有強迫性行為、是否有自殺念頭等的狀況，通通被她否認；此刻，我實在搞不清楚她扯髮行為的由來。

婚姻欠規劃　造成零安全感

我知道解不開背後的原因，肯定是改不了芳兒扯髮的習慣。我轉而了解她的成長背景，希望可以從中找到一點線索。根據我的觀察，芳兒對媽媽有點忌諱，若想多了解她的家庭，媽媽未必是個最有效的渠道。於是，我提議下次讓社工與芳兒一同來覆診。果不其然，第二次的會談為脫髮事件成功解畫。

芳兒的媽媽非常早婚，20 歲不到因懷孕而草草成婚，沒計劃的情況下誕下了芳兒，幾年後更懷上了次子。看似美好的家庭，其實藏着暗湧，爸爸異常醉心攝影，把工餘的時間全都投放在攝影興趣之上，儘管芳兒的出生，也撲滅不了他對攝影的熱愛，不管媽媽如何投訴爸爸不顧家，爸爸依然故我，仍舊早出晚歸，對照顧芳兒事宜一概不理。媽媽雖然辛苦，但也咬緊牙關把芳兒帶大。媽媽滿以為次子的出生，兩個孩子的照顧壓力，足以爭取多點爸

爸的關注。只是，這都是媽媽一廂情願的想法，爸爸一如
既往，照料兩個孩子的責任，全都交托到媽媽的手上。次
子半歲大之時，媽媽終於都撐不下去，拉着兩個小朋友離
開爸爸，返回娘家過活。芳兒把父母的一切都放在心裏，
深明媽媽是含辛茹苦地養育自己，所以自懂性以來，她都
很體諒媽媽，從沒投訴，更事事與媽媽分享，關係如膠
似漆。

平穩的生活在芳兒入讀小學五年級時泛起了漣漪，
媽媽認為自己把人生最寶貴的青春時光全都奉獻給兩個
孩子，在孩子稍為獨立之時，她毅然決定離開香港、放下
孩子，遠走異國，來個長達一年的悠長假期，芳兒及其弟
弟交由外祖母照顧。芳兒對此沒多大意見，也沒說甚麼，
但由祖母描述得知，媽媽離開香港期間，她整個人變得很
消沉，經常悶悶不樂，有時祖母關懷地多問幾句，她會表
現得不耐煩，一聲不響地走回房間，隔天祖母打掃時，地
下會掃出一堆掉落的頭髮。我終於了解到，問題的癥結所
在，芳兒來自單親家庭，媽媽一直是她成長的重心，不論
是喜是憂，她都習慣與媽媽分享。媽媽突然出走，她苦無
分享對象，只能把心事都藏在心底。媽媽的離開，完全否
決了自己對媽媽的重要性，原來媽媽不單不愛她，甚至可
以遺棄她，置她於孤獨的境況之上。這個帶點發洩的舉
動，是由媽媽出走時，不知不覺地培養出來，即使媽媽
回歸一段日子，每當她遇上心煩事時，仍會無意識地扯
頭髮。

自顧自己的爸爸

當我把話鋒轉到爸爸的身上時，芳兒就告訴我：「我有時也搞不清楚爸爸是否愛我。每次跟他見面時，他的確很關心我；但是，我感覺到他不是真心真意的，平均一兩星期才會見一次面，他就像履行公事般，每次都去同一間餐廳、同一個遊樂場。而且，每次都心神恍惚，好像有千百樣事要處理，沒心情跟我閒聊。」在芳兒的意識中，她只是爸爸的一個包袱，因為要負責任，才勉強地應酬自己，雖然爸爸口裏說愛她，但他的表現，明顯就是心裏沒有她。

個案剖析	溝通增加了解

芳兒其實是個頗成熟的少女，她對媽媽甚為了解，知道如果把內心的不滿如實告之，媽媽不僅聽不入耳，更會大發脾氣；所以，她一直把不安的情緒埋在心底最深處。相處貴乎溝通，不論擔當何許角色，作為父母、作為子女、作為摯友，唯有真誠的溝通，方能建立感情。芳兒在我的鼓勵下向媽媽說出自己的不安，媽媽最初一如所料的大發脾氣，在我這個第三者的調解後，媽媽慢慢理解到女兒的擔憂，除了口說愛她，亦以行動作表示，即使工作再忙，每天都抽 15 到 30 分鐘，與芳兒嬉戲聊天。芳兒在媽媽的努力下，安全感日增，扯頭髮的行為

愈益減少。

結婚從來並非一場遊戲，在計劃結婚之時，別被眼前的幸福蒙蓋了雙眼，不妨把眼光放遠一點，為婚後的生活作計劃，計劃裏不應只包括對方，還應把生兒育女、雙方的家人、對未來的生活期盼等都納入計劃之內。只要雙方有溝通，即使婚後生活出現落差，亦有可依從的基礎共識；只要雙方有共識，就可減少彼此之間的磨擦，避免因爭持己見的吵鬧，把關係推向無可挽回的地步。

醫生小建議

現今科技發達，溝通不只局限於當面交談，對於年青人來說，網絡可能更易於表達心聲，短訊、電郵、便條、甚至書信，都是另一種溝通渠道。有效的溝通，建基於子女與父母長久以來的相處模式，如彼此間相處不存在跋扈，亦無恐懼感，子女遇上困擾時，不用迫不用問，他們也會如實告之；當子女找父母傾訴時，放下個人的見解，不作批評，細心傾聽子女的分享，才能和睦共處。

3 號床的逃犯

要維繫家庭、要家庭和睦,最重要的元素是甚麼?是互相遷就?是相互配合?要子女律己循規,要掌握那些重點?嚴厲的教導?嚴格的家規?我其中一個頑皮的病人,讓我在這個問題上找到個不錯的答案。

想跑步的病人

　　凌晨時分,刺耳的電話聲劃過寧靜的夜空。睡意朦朧之際,我只記得電話另一頭的姑娘,用既不耐煩又滿腔歉意的語調對我說:「麥醫生,3 號床的病人逃走了。」我先讓腦袋清醒一下,再想想應對方法。最直接的方法當然是致電病人,但醫院的姑娘們在打了兩次電話後,發現一智根本沒帶手機逃走。在動員警衛巡查醫院四周的同時,也通知作為主診醫生的我,一起商量對策。雖擾人清夢,但免不了要知會家屬,我先致電一智的媽媽,媽媽的語氣聽起來沒太大驚訝,只是短短回覆了兩句說話,就掛上電話,相約我於醫院見面。

　　前往醫院途中,我仔細把當晚巡房時,與一智的對話回想一遍,終於找到了蛛絲馬跡。我記得,短短二十分鐘的會診,一智說了不下十次:我想跑步!剛巧醫院附近有標準的運動場,我估計,一智鐵定是跑到運動場去。一如

所料，我在運動場裏尋獲他的跑步身影。心頭大石放下之時，已臨近清晨，這個時分，回家也睡不着，不如趁機跟一智多聊幾句。

性格樂天的躁鬱症患者

一智幾天前因躁鬱症被送入院，經醫院轉介成為我的病人。入院的第一天，我與一智見面，除了為其診斷病患外，還對他聽天由命的性格印象深刻。以才 17 歲的青少年來說，他可算是樂觀得過了火；本應處於積極追求同輩認同的時期，他卻對同學的流言蜚語不聞不問；本應極為重視他人對其外表的評價的年紀，他卻毫不介意於人前不修邊幅地出現。這種「輕鬆過頭」的性格，與躁鬱症的病徵，形成非常強烈的對比。

以我曾診症過的躁鬱症的病例中，一智是屬於非典型的一位。媽媽形容，一智一向樂天知命，凡事都很隨意，從來不在意別人的眼光，只管做自己喜歡的事，隨自己心意而行。年多前，她收到銀碼驚人的附屬咭賬單，細閱下均為一智的購物消費，其中大部分都是非必要的東西。媽媽又發現，一智一反常態地多話，跟他外出用餐，他不但滔滔不絕地發表經營餐廳之道，更會插口旁邊食客的對話，指出其不是之處。媽媽感到非常尷尬之餘，也對其反常的行徑大感疑惑。正當媽媽懷疑一智的古怪行為源於青春期的反叛，一件平常不過的小事引爆了他的病情。

某夜，一智突然說要外出，四個多小時後，媽媽收到警方通知，說他因上山摘星星而騷擾附近居民，被報警送入院。往後的大半年，一智持續接受治療，但病情反反覆覆，直到幾天前，媽媽收到銀行致電確認一筆巨額的轉帳，才揭發一智又再病發，亂花了幾十萬；於是，她主動要求一智接受住院治療。

| 個案
剖析 | ## 慈愛還是溺愛 |

　　經過一個星期的觀察及數不清次數的會談後，除了為一智的病訂下了治療方針，還讓我找出導致其病情反覆不定的關鍵——慈母。分別與媽媽及一智傾談過後，我猜測一智的爸爸同樣受情緒病困擾，至於是何許疾病、病況如何，就不得而知；因為我從未見過他爸爸，只是根據媽媽的描述而推敲出來。

　　媽媽應對丈夫大起大落的情緒，無止境的容忍與無限度的遷就。一智不只一次目睹爸爸對媽媽破口大罵，有幾次更動之以手；但是，媽媽從來沒有反抗，縱然爸爸不時因情緒不穩而闖出形形式式的禍，她仍是和顏悦色地跟在爸爸後面，唯唯是諾地替他收拾爛攤子。對媽媽來説，擦屁股實在是太習以為常了，一智似乎遺傳了爸爸的闖禍因子，他「樂天」的性格，亦遺下不少「手尾」給媽媽，但

媽媽仍是不厭其煩地逐一幫其收拾妥當。他多花了錢，媽媽會節省日常的使費，讓一智不會知道家庭出現經濟困難；他做了魯莽的事，因控制不了脾氣而到處亂砸東西，媽媽又會跑去道歉賠款。責任一詞，從沒在一智的觀念中扎根過，一智的病情時好時壞，全因媽媽百般縱容而致。就像逃出醫院般，一智從來沒有想過逃走所帶來的漣漪，醫院的護士會有多擔心？會動用多少人力物力尋回他？媽媽會多自責？醫生會多掛心？……。一智就是輕鬆到忘了每個人在每個角色上，都理應負起一定的責任。

追源朔始，媽媽對丈夫的「容忍」，等同不間斷地向一智灌輸「免責」的錯誤觀念，他耳聞目睹爸爸種種不負責任的行為，再親歷胡作非為後，拍拍屁股就可以一走了之；再加以他的躁鬱症，每當躁期出現時，他的徵狀會「發揮」得比其他的患者更為淋漓盡致。

換個角度來看，我甚為佩服媽媽無比的耐性，同時照顧家中兩個情緒病患者，卻仍能為他們遮風檔雨，少一點韌力，決難勝任。只是，我也必須狠狠地打下她的保護傘，向她明言，她手執滿佈溺愛的雨傘，就像刀鋒般一步一步指向一智，逐步吞噬他解難及自決的能力，為他的未來生活產生極大的負面影響。媽媽先決要改變的，是由着一智的教育方式，雙方要訂下合理的界線，給予合理的「讚

美」，同時亦要給予合理「批評」，給與不給，亦應有其界線。我不反對照顧病患需要多點關心、多點照顧，但非無條件的遷就，義無反顧的順從，與教養子女同如出一轍，設立合理界線是幫助病患復康的重要過程。

媽媽學放手，一智學責任，一智要改變他植根多年的認知，作每個決定、做每事前、走每一步，都要先停一停，想想後果，即使出現任何狀況，一智也需要面對與解決，媽媽的角色，只是諮詢與商量，不得已時才會出手相助。

**醫生
小建議**

從來溺愛可以無盡，但關愛卻包涵理智。任何一段關係，無論是子女與父母、丈夫與妻子，都要有效地訂立一條清晰的界線，避免一方「濫用」對方的關愛之餘，亦有機會學習健康關係的建立。

不守規矩的乖女兒

喜慶時，我們會喝酒慶祝；失落時，我們會飲酒消憂。生活在香港，或多或少會因種種的社交活動而接觸酒精。但酒並非人人都合適，有些時候、有些對象，應該盡量避免與酒精交涉。尤其像曉桐般的青少年，酒精會對行為、情緒及生活都會有不可估計的影響。

無故曠課

曉桐今年剛滿 16 歲，是家中的獨生女，端莊的外表配上清秀的臉頰，加上她典型的中產家庭背景，曉桐可算是「白富美」。爸爸是生意人，媽媽是中學教師，對她管教得宜，從小到大，曉桐讀書成績也不錯，老師同學們對曉桐的評價都很正面。

上星期三，媽媽收到學校就曉桐無故曠課的通知，媽媽聽罷非常擔心，因為乖巧的曉桐從未發生如此偏離正軌的行為，於是不斷致電曉桐；可是，電話就是打不通，遍尋她經常流連之地也找不着。

直到深夜，父母才收到曉桐的好友致電，知悉她到了酒吧，喝了份量不少的烈酒，途中更用計把朋友支開，跟一名聊得眉開眼笑的陌生男子離開酒吧，轉到附近的酒店作進一步的發展。好友有感情況不妙，力勸不果下只好偷偷取走曉桐的電話，致電其父母求助。把曉桐帶回家後，

父母亦有追問事情的來龍去脈，但卻得不到答案。曉桐只是回應道：「我人都這麼大，結識男孩子有多奇怪；再說，別小看我，我絕對有能力令男人拜倒我石榴裙下。」父母對曉桐怪異的行為憂心如焚，又不敢多問，擔心她這種讓人摸不着頭腦的行為再度發生，引致無法挽回的後果，在朋友介紹下找我諮詢。

滿腹不合情理的計劃

「醫生，我女兒好像變了另一個人似的，她是正值反叛期，還是得了甚麼怪病？」曉桐的媽媽一臉憂心地問我。

僅以單一事件很難斷症，我再查問父母有沒有發現其他一反常態的事情，他們羅列了一大堆，包括在翻閱曉桐的房間時，發現到一些不尋常的收據，大部分都是購物消費，但並非必需之物，更不是曉桐慣用的牌子。母親憶說，曉桐最近時不時拿了一堆又一堆不必要的東西回家，放在客廳後置之不理；結果，家中囤積了許多雜物。母親曾帶着滿腹疑惑詢問曉桐，她解釋正籌備一門收入可觀的生意，購物的花費是為將來規模龐大的生意作好準備；母親進一步追問生意的類型、營運模式等的細節，曉桐卻答不出所以然。

由於母親甚為緊張曉桐的情況，她私下聯絡其同學，同學形容曉桐最近情緒高漲、經常感到精力充沛、不斷找朋友聊天，甚至可以數天不眠不休。老師亦曾接過曉桐的

投訴，不滿學校的課程太淺，她早已學曉老師們在課堂上所授的知識，壓根兒不用浪費寶貴時間去上課，因而經常無故曠課。

個案剖析　飲酒與病發的關係

曉桐初步推斷患上躁鬱症，上文種種不尋常的行為，正是病發時躁狂的表現。

但由於曉桐不願求診，我也未能確診。直到三個多月後，她的病情步入抑鬱期，情緒變得低落，讀書玩樂均提不起勁，才驚覺有求醫的需要，來到我的診所就診。

「想飲酒不就是要到酒吧嗎？有多奇怪？我是看着爸爸飲酒長大的，從來都不覺得酒精會對我有甚麼壞影響。」當我問及曉桐流連酒吧的行為時，她是這樣回應我。

至此，我才拆解引致曉桐病發的原因之一，父親有長期飲酒的習慣，剛開始是因為生意上的應酬，慢慢愈飲愈多，甚至可算是上了癮，由每天一兩杯，演變為現時每晚杯接杯。父母也從沒教導她酒的好與壞，面對爸爸愈喝愈兇的身教，曉桐的想法自然被潛移默化，她認定了，飲酒就如日常生活的一環，不需要作額外關注。醫學上對躁鬱症的成因現時仍未有定論，但有不少的研究指出，酒精有

機會誘發此症的出現，後來得知曉桐的舅父患有思覺失調，當遺傳因子碰上酒精的引誘，跑出個躁鬱症不足為奇。

父母的關懷更重要

我在跟進曉桐病情的過程中，發現她與父母的關係並非如他們說的親密。的確，父母很疼愛曉桐，她想要的、她要做的，父母都從不說不。曉桐小時候也很依賴父母，生活中大小事都不介意與父母分享。只是，隨着父親的生意事業蒸蒸日上，他分給曉桐的時間一日比一日少。父親不但早出，更晚歸，回家時總是陪隨着一身酒氣。母親為了減輕丈夫的負擔，在曉桐剛唸初中時，就轉為半職教師，用一半的時間幫助丈夫擴展業務。父母希望盡最大努力來增加自己的能力及財力，讓曉桐往後的人生得以安穩渡過。曉桐的躁鬱症可能早有先兆，只是父母因工作而忽略了她，未能及早察覺，儘早求醫。

曉桐與大部分的躁鬱症患者一樣，病情有點反覆，時而鬱卒、時而狂燥，她的情緒會在不同時期各走極端，一時異常亢奮活躍，失去判斷力，會不顧後果地魯莽行事，例如隨便花錢、不節制的男女關係或性行為；一時又會出現抑鬱症的病徵，感到

極度疲憊、失去動力、失眠、胃口差等。發病的初期會較難控制，所以最需要父母的支持，我只好老調陳言地勸喻曉桐父母多留意她的情況。曉桐對藥物反應很正面，服藥後，曉桐的徵狀大為改善，病情明顯穩定下來。之後父母陪同曉桐一起覆診，雖然父母仍頗憂心曉桐會出現反反覆覆的病情，但從他們在診症的表現及氣氛，我明顯地感覺到他們已打破隔閡，再次建立起溝通的橋樑。

醫生小建議

很多人面對家人患病會顯得不知所措，會不惜以極端的手法強拉患者求醫，藉以把患者的問題悉數交付予醫生。事實上，病者並非沒察覺自身出現問題，只是他們不滿家人否定對自己的一切影響，推卸問題，不願共同面對。要令患者為之動容，不妨簡單說一句：「我們也有不是之處。」

奇怪的抽動

你還記得當你們的子女年紀還小時，你會很留意他們的一舉一動，那怕是邁出他們人生的第一步，還是作出有史以來的第一跳，身為父母的你們，都會悸動不已。可是，假若你發現子女身體上無故出現不明的抽動，行為動作大得令你擔心，你們會如何是好？

不明所以的病

　　嘉宜是我所接觸的個案中，最耐人尋味的一位病人。她已經是第三次來到我的診所，我對其病況仍未能全面掌握。我猶記得嘉宜父母首次應診時，兩張臉上掛着滿腹疑惑，就像是把一個巨型問號原原本本的放到臉上，然後以急促的語調對我交代嘉宜的病情。

　　「麥醫生，請你一定要幫幫忙，看看我女兒是患上了甚麼病？她近半年經常出現四肢抽搐、手腳抽動的情況。初期並不嚴重，一星期大概只有一次，漸漸越來越頻密，發展到每天幾次，而且抽動的幅度越來越嚴重，間中還配着聽不清內容的喃喃自語。」媽媽逐一交代她的現況。

　　我問：「你們應該進行過各式各樣的檢查吧！結果是否都正常？」

　　爸爸答道：「正常得很！我們連神經外科都拜診過，還是找不到抽動的原因。」

曾患思覺失調

「嘉宜以前曾確診過患上思覺失調，大約 13 歲左右，她說聽到有人在腦袋裏對她說話，有時那把聲音更指令她的行為，又對我們說學校很危險，因為同學老師都在監視她，嚇得她睡不穩、食不好。有晚，嘉宜在家中大叫，極力掙扎以圖衝出家門，力氣大到連爸爸也擋不住，只好報警求助。最後，她被送到醫院。」媽媽補充道。

嘉宜容後於醫院進行了一大堆的檢查，被兒童精神科確診為思覺失調。可是，嘉宜服用處方藥物後，病情沒明顯的進展。她是家中的獨生女，父母很疼愛她，生怕公立醫院的檢查有所不足，除了讓她繼續在醫院覆診，還不斷詢問朋友的意見，帶嘉宜訪尋不同的專科醫生，希望有其他藥物能幫助嘉宜擺脫擾人的病徵。

尋尋覓覓，嘉宜終於找到一種藥物讓她的病徵得到明顯的改善。可是，藥物的副作用對她的影響很大，嘉宜不單感到頭暈想吐，更會在白天無故嗜睡，突然在課堂中入睡，嚴重影響其學校生活。嘉宜最後因忍受不了藥物嚴重的副作用，與醫生商量過後，暫時停止所有藥物。

不明症病　藥石無靈

停藥後不到兩個月，嘉宜又再出現古怪的徵狀——抽動。這次並非典型的思覺失調陽性症狀，而是不明所以的抽筋、肌肉收縮、自言自語，每次抽動會持續約二十分鐘、甚至長達一個小時。父母把其中一次發病的情況拍下

來，當場展示給我看。片中的嘉宜，手腳不自覺地來回揮動，頭部也好像控制不了，隨手腳的節奏前後轉動，口中不時發出「嗚！嗚！」的低吼聲。說真的，與電影鬼上身的情節甚為吻合。

由於嘉宜曾確診患上思覺失調，我首先從這方面入手，我處方了一些新型的思覺失調藥物，着父母密切觀察，數天後向我彙報病況。藥物沒發揮其應有的治療效果，我轉向懷疑與妥瑞症（Tourette Syndrome）有關；可是，一番檢查後，患上此病的懷疑又被我剔除了。

看見曙光

嘉宜是個應屆的文憑試考生，還未成年病人，得到其同意下，監護人有權陪診。首三次的會談，在嘉宜沒反對的情況下，父母都全程陪伴左右。來到第四次見面，我正懊惱如何找出嘉宜的病源時，父母因公司有突發狀況，未能陪同嘉宜覆診，她的病情終於現出拐點。

在沒有父母的旁聽下，嘉宜總算可以一吐不快。「麥醫生，我一想起要回學校，就不自覺地出現奇怪的抽動。」嘉宜說。然後，她娓娓道出對學校的恐懼。她是個眾人眼中的乖孩子，自小品行兼優，不僅做事認真，成績從未排名三甲之外，對父母言聽計從。頑皮反叛，對嘉宜來說，是組陌生的詞語。想不到，嘉宜優秀的表現招來了妒忌，校中素有一群恃勢欺凌的滋事分子，升讀中五時，她目睹滋事分子欺凌同班同學，但她選擇做旁觀者，不參

與也不加意見。怎料，她的沉默變成傷害自己的利刃，滋事分子怕她說漏風聲，轉向欺凌她，有時是冷嘲熱諷，有時是出手打人。她怕向老師報告會加劇被欺凌的情況，轉而向最親密的媽媽反映。媽媽聽後卻採取愛理不理的態度，認為是嘉宜過於敏感，同學們的行為可能是開玩笑罷了。嘉宜明知道爸爸不理管教事宜，但實在苦無對策，只好要求爸爸伸出援手，偏偏父母取態一致，對嘉宜的投訴置若罔聞，還叮囑她不要節外生枝，安守學生的本分，積極準備快要來臨的文憑試。

個案剖析 逃避的表現

我可以肯定，嘉宜的狀況與思覺失調或是妥瑞症全無關係，她的抽動，是焦慮情緒的表現，她害怕回校，因為害怕被欺凌，腦海一旦浮現被欺凌的情形，就會不受控地出現不同幅度的抽動，而口中唸唸有詞的，是想說又未能說出口，對滋事分子、對校方、對老師、以至對父母的滿腔指責。

根據我的觀察，嘉宜父母不是不關心她，只要能夠把她的「病」治好，不管花多少時間、幾多金錢，也在所不惜。不過，他們的重心與平衡拿捏不當，把重心過於偏重在嘉宜的學習成績及身體健康之上，忽略其學校與社交生活之平衡。即使她屢次求助，都只是換來一盆冷水。嘉宜深深感到被父

母所忽略，因而做出一連串奇怪的行為，藉此引起父母的關注，同時逃避學校帶來的壓力。

令人欣慰的是，父母非常合作地配合治療，我為他們進行了幾次家庭治療後，父母學會聆聽嘉宜的心聲，也學懂如何表達關懷之情，嘉宜感受到父母的愛後，又解決了學校欺凌之事，病徵竟然在沒有用藥的情況下消失得無影無蹤。

醫生小建議

父母面對子女遭受校園欺凌時，往往以過於輕視的態度對待，甚至明知問題的嚴重性，卻因不懂處理而置之不理。箇中原因不外乎父母大都只着眼於子女的學習成績，認為只要學有所成，多一事不如少一事；結果不但忽略了子女的感受，更要他們白白地承受被欺凌的後果。面對校園欺凌的問題時，父母只要與子女共同面對，讓子女感受到父母會陪伴身旁，予以支持，問題自然迎刃而解。

剟出個關懷

看到自己的子女剟手，第一件關注的，定必是身體上的傷害，接着腦中就會浮出一連串責怪的情緒，人生不如事十常八九，一不高興就剟手，根本就是不智之舉。更何況，身體髮膚受諸父母，怎麼可以容忍自己的子女，隨意傷害身體！有沒有想過，他們此舉背後的因由？

觸心驚心的傷痕

傷痕纍纍的手臂觸目驚心的地映入我眼簾，而手臂的主人卻一臉的不在意，別說遮掩，Cindy 似乎更想引人注目，在北風剛起的秋天穿得很少，像是恨不得把滿手傷痕暴露於人前。未進入診症室，她已明言不接受與同行的媽媽一同會見，只願意單獨與我會談。

Cindy：「麥醫生，我不明白，我老是與人相處不了，無論是學校的同學、男友或是最親密的家人，總是會產生磨擦，不斷出現衝突，我搞不明白箇中的原因。」

我：「是一開始已經相處不了，還是認識一段時間以後，才發現磨合不了？」

不斷苛求　總有理由

Cindy 停頓了一陣子，回應道：「我沒多注意呢！以

我前男朋友為例，關係剛開始時，簡直是與他心靈契合，經常出雙入對、形影不離。只是不到兩個月的時間，我漸漸發現，他有數不清的小缺點，原來他並非那麼完美，也不是我一直想追求的理想對象。」

我：「那之後呢？你對他的態度有變化嗎？」

Cindy：「態度沒變，我還是喜歡他，只是希望他為我作出一點點的改變。我想他多分點時間給我，所以要求他減少打機的時間；又想他多與我相處，所以要求他減少與朋友見面⋯⋯」她滔滔不絕地解釋各種要求的背後原因，來證明她是有理據，並非毫無道理。

在傾談的過程中，我發現她的情緒比常人敏感，一旦被她發現我意欲打斷她講話，不待我發言，她就會搶先說：「怎麼了？你覺得有問題嗎？」對 Cindy 的問題，我心裏大概有個譜，但想多了解一點她的背景，逐邀媽媽與我傾談。

愛理不理的爸媽

媽媽表現得很憂心地說：「她有經常性剅手的習慣，我看在眼裏，真的心痛得要死，想多了解，她又不願意與我多談，往往敷衍了事。」

我：「你是最近才發現她的剅手行為？還是為時已久？」

媽媽支支吾吾了一會，才坦言：「學校社工最近才告訴我。」

原來，媽媽一直以來對 Cindy 的投入度甚低，她的專注力，全都投放在老公，亦即 Cindy 爸爸的身上。爸爸從事規模不少的貿易生意，需要經常往來中港兩地，分配給家庭的時間甚少。聚少離多，爸媽感情很一般，爸爸更曾有過數次的婚外情，被媽媽發現後爭吵不休，媽媽至今仍把全部的精力放在「捉奸」之事上，深怕稍有不慎，小三就會乘虛而入。無論是 Cindy 的學業，還是她的成長，媽媽都無暇照料，要不是老師發現 Cindy 手上的傷痕，轉介學校社工跟進，刑手一事，相信媽媽也察覺不了。

從一夜情中尋找「關懷」

如此看來，社工應該是最了解 Cindy 的人，我容後致電跟進，由社工口中得知，Cindy 偶有一夜情的情況，對象均是酒吧不相識的男性，發生之時就在她心情極低落的階段。

Cindy 現年 15 歲，對自我的身份認同感到很迷茫，且情緒起伏甚大，猶如「過山車」般，大起大落，她特別容易受人際關係所影響，不論同性或異性朋友，初相識時都全情投入，視對方為最了解自己的人；但相處過後，漸漸發現對方的小缺點，打破了她心目中的完美想像，開始對別人全盤否定，覺得對方缺點太多，事事針鋒相對。慢慢地，同學都不敢與 Cindy 深交，連午餐都沒有邀請她一同進食。

她不穩的情感亦放諸到男朋友身上，Cindy 對男友的要求很高，希望男友無時無刻守在身旁，對她呵護備至；即使不能陪伴左右，也要求對她處處關懷、秒秒留神，要隨時隨地注意到她的情緒變化而給予不同程度的關注。男友覺得 Cindy 太「痴身」，當熱戀期過後，經常對嘴對舌，很多時會忍受不了而釀分手。

被朋友嫌棄、又與男友分手，Cindy 有被全世界拋棄的感覺，像天倒塌了一樣，異常的痛苦難受；她發現，用刀子往手臂上慢慢割下去，雖然開始時會有點痛楚，但見到血液緩緩的流出，快感亦隨之而來，煩惱好像慢慢遠離，身心也得到放鬆。慢慢地，Cindy 已不能滿足於剠手所帶來的快感，她想進一步通過傷害自己而獲得關注；於是與不同的陌生男子一夜情，藉此得到片刻的關愛及被重視，以緩解自己的空虛感和孤獨感。

個案剖析 「持續不穩定」的邊緣人格

好像 Cindy 般擁有邊緣人格的人，其情緒、自我形象、人際關係及性格等，可用「持續不穩定」來形容。他們對身邊的各樣事情及人物都異常敏感，只要他們感到一丁點不妥，就會衝動失控，作出非理性的行為，輕則剠手，重則鬧自殺。而此般性格緣來自家庭，缺乏爸媽的關心，唯有向朋友埋手；失去爸媽的關懷，只好尋找男友的慰藉。對於

被迫習慣獨自承受一切的他們來說，持續地變化才能把他人的目光聚焦到自己身上，才能由朋友、男友身上，得到從爸媽身上得不到的愛。

我們除了要密切留意及評估邊緣人格患者的自殺風險，亦必須重新建構他們對愛的觀念，一夜情不等於關心，男女間的感情，亦有異於父母的愛。首要之事，是重建患者與父母的聯繫，改變一貫的相處方法，多一點關愛，多一點體諒，逐步打破彼此的隔閡，了解患者傷害自己背後的動機及心理因素。如非忍無可忍，誰會想主動走向痛楚？

醫生
小建議

家長發現子女有越軌或難以接受的行為時，先把自己的怒氣壓一壓，千萬不要大發雷霆地指罵他們，嘗試以平和的語氣，詢問子女行為的緣由。如感到難以啟齒，不妨以簡單的關心行動來表達你的關心，買點她／他喜歡吃的食物，再慢慢開啟話題。說不定，他們會「自動波」地說出心中的困擾。

一步的力量

麗淇來到我的診症室，劈頭就對我說：「麥醫生，我想死，這次是真的很想死。」她是我的「忠實」病人，由首次見面到現在，已經有兩年多的光景。她今天大清晨就來電，說東說西的，一時說有尋死的念頭，一時又說這個世界虧欠了她，我知道她的情緒極不穩定，即使診所還未營業，都着她趕緊來與我會面。

秘密被揭

麗淇被抑鬱症纏身兩年多，病發初期，狀態時好時壞，她由最初抗拒藥物，漸漸感受到藥物為其帶來的改變而準時服藥，到現時定期覆診，病情已經穩定下來，上一次來覆診，已經是兩個多月前了。她這麼突如其來地找我，想必是這次負面情緒來勢洶洶，她着實招架不了。

麗淇說：「我感到非常孤獨無援，心灰意冷，每個人都拒絕我、誤解我、誣蔑我、拋棄我，世界這麼大，我卻完全找不到可立足之地。」

我問：「為甚麼突然有這種想法？」

麗淇回應：「麥醫生，紙終於包不住火。他們都知道我有病了！」

麗淇很早就投身社會工作，為了方便上下班，五、六年前已搬到市區，與朋友合租一間小房子。她一直不想讓

父母知道其病況，即使確診了幾年，都三緘其口，從沒向父母透露任何病情，成功地隱瞞了父母。

可是，個多月前，原本低調內斂的麗淇一反往常，竟然在會議途中自告奮勇地上台報告，而且滔滔不絕、長篇大論。朋友更覺得她近期異常活躍，經常在社交媒體上發佈動態，表達對未來的美好憧憬，例如要在幾年內爬上高階主管等。剛開始朋友都單純地認為，麗淇終於爬出了抑鬱幽谷，積極劃規人生。直至有次她鄰居晚上時間製造了一點噪音，她不單朝着對方破口大罵，更按捺不住跑上門，強行進入鄰居家，最後鄰居報警，警方通知其家人保釋，才揭發她有精神病的紀錄。

不想面對的家人

麗淇告訴我，家人的反應甚為激烈，爸爸不斷重複：「沒可能！怎樣會！我們家沒可能會出一個痴線的人！」這句話就像刺般直插麗淇心中，她腦海中不斷重複又重複浮現爸爸的這句話，每次一想到自己為父母帶來的麻煩，一想到令家族蒙羞，她的情緒就會像繫上鉛球般，不停往下沉。此後，父母不給麗淇好臉色，更有心疏遠她，以往每個月總會見面一、兩次，事發至此已差不多半年，麗淇只與父母見過一次。那次見面，麗淇形容是鬼祟的接觸，選個姐姐及姨甥不在家的日子，不可買禮物給姨甥，更不許亂動家中的雜物，以圖營造從沒見面的假象。

隱瞞為了避免歧視

麗淇面對父母如斯的反應，開始事事鑽牛角
尖，她認為，舉凡與精神病有關的事，都只愈演愈
差。她要守護自己的唯一方法，就是掩飾自己作為
精神病患者的身份。她害怕朋友知道，於社交媒體
上報喜不報憂，後來更覺得不更新來得更徹底，索
性把全部的帳戶都刪掉，即使朋友傳短訊問候，她
都不予回覆。為免公司知悉其病情，她推卻了公司
的聚會邀請，下班就立即回家，把自己鎖在房間。
她為自己建了一道厚厚的牆，盡全力把自己與外間
隔離起來。麗淇的室友對其病情略知一二，察覺到
她的情緒不對勁，力勸她提早覆診。

我感謝麗淇對我的信任，願意把尋死的念頭
與我分享。經我評估，她的病由抑鬱症轉到躁鬱
症。她之前過分積極的行為，正正是處於狂躁期。
與大部分的患者一樣，麗淇於狂躁期時覺得自己很
正常，很享受當下那種飄飄然的感覺。這就是躁鬱
症容易讓人忽視之處，病人往往因正經歷狂躁期而
沒有病識感，身邊人又覺得患者態度正面，很難與
情緒病聯想在一起。直至患者轉向抑鬱期，出現情
緒低落、一蹶不振、無力感等病徵，才稍為易於
察覺。

向前走一步

我知道麗淇父母對情緒病很抗拒，但也知道闖不過父母這個關口，麗淇的病情只會反覆不定。我花了不少的時間及唇舌，終於讓父母陪同麗淇前來覆診。席間，我以老掉牙的論調不厭其煩地強調：情緒病並不可怕，它有就如傷風感冒，只要服點藥，病徵就得以紓緩；它亦如高血壓，只要改些習慣，定能與之共存。

如果身邊人患上情緒病，我們切忌責怪患者，他們沒有硬要把病拉到身邊，是情緒病不經意地找上了他們。我們也不需要否定患者的價值，患有高血壓的病人可以如常工作生活，為甚麼情緒病的患者就不能活出自己？縱然麗淇家人對情緒病仍存偏見，不願意承認她患上精神病。退而求其次，我說服他們讓麗淇繼續就診，平日相處時，也盡量待她如常，萬萬不要為她貼上「痴線」的標籤，維持與麗淇一貫的交往，讓她得以在穩定的環境中慢慢康復。

對許多隱性的情緒病患者來說，身邊人的忽視以及因不理解所造成的偏見，就是他們的枷鎖，他們寧可病入膏肓，也因避免被標籤而拒絕就醫，藉此逃避異樣的目光。有時不故步自封，向前多走一步，不論是患者、還是身邊人，都會發現另一個世界。

醫生 小建議

大家總以為，藥物是精神病的唯一出路，一旦確診，就只有不斷增加藥量以抑壓病情。從許多臨床個案得知，歧視才是病患久病不癒的主因。如果確診患上情緒病，別先把標籤貼在自己身上，認為自己是異類，對自己心存偏見，進而躲開一切的社交活動。

子宮的疑惑

「子宮，我不想要了！」
這句說話由一個只有 16 歲、青春少艾的女孩子的口中說出。我當刻驚訝不已，還一度浮出轉介至婦產科就診的想法。但是，我知道，一個正值青春期的少女，會有這般強烈的極端想法，箇中原因定必耐人尋味。

割子宮以求安全

　　晴子一面不情不願的跟我對談，她解釋，她是向婦科求診，要求婦科醫生把其子宮移取，一輪檢查後，她向醫生透露，她沒任何的不適，家族中亦非有婦科病患的遺傳因子，她只是很討厭、很討厭、很討厭自己的子宮，恨不得把「它」割出來；婦科醫生當然不會因其個人意願而肆意作出不可逆轉的手術，逐轉介晴子找我作進一步的了解。

　　晴子不認為這個要求有問題，但婦科醫生堅持子宮切割手術必須得到精神科醫生的同意下方可進行，她在不得已的情況下被迫來到我跟前。

　　「麥醫生，沒有子宮，我才得以安全地生活下去！」晴子說。

　　「怎麼說？」我問。

　　晴子續說：「我近半年不斷在網上搜尋資料，發現女

性永遠也是被欺凌的一方，不論在西方國家，還是亞洲地區，被強姦、被非禮經常性地發生於女性身上，很多時候，我們更因而失去人生的全部。所以，我找到了一個讓自己永遠置身安全位置的方法，就是把子宮除去。那麼，永遠都沒有男人可以對我作出任何侵犯性的行為，永遠也沒有人可以傷害我。」

我行醫十多載，還是首次聽到此般論調，我先不反對她的看法，反問她：「那想侵犯你的人，如何得知你沒有子宮呢？」晴子當下啞口無言，接不上話來。此後，她才願意以溫和的態度與我繼續傾談下去，她透露，自己是在心情不快時隨意作網上搜尋，得知這些資訊，並非受朋輩的影響。我轉而了解她的家庭，晴子來自中產家庭，爸爸是生意人，媽媽位居國際公司的管理階層，下有一個小她2歲的弟弟。我發現，晴子談及家庭時，絕大部分的內容只涉及爸爸，甚少提及其媽媽及弟弟。如此看來，她與爸爸的關係非常親密。

媽媽才是真正原因

其後，我與晴子的爸媽會面，嘗試解構晴子的心態。爸爸跟我的觀察很吻合，極為疼錫晴子，甚至可說是達溺愛的程度，晴子要甚麼，爸爸都會盡力滿足。當爸爸得知她要割去子宮時，憂心忡忡，立即帶她到婦科求診。反觀媽媽，態度與爸爸正正相反，傾談過程中，她當然顯露過對晴子的關懷之情；只是，她更擔心的是，晴子極端的想

法對弟弟所帶來的影響。跟媽媽會談時，即使話題是環繞晴子，不知怎麼地，最後媽媽都會把話題轉到弟弟的身上；結果，傾談的主角反變成弟弟。

「你是否很不滿媽媽只關心弟弟？」我問晴子。她心中的防護牆，像是迅即被我敲碎，呆了十幾秒，兩行眼淚不自覺地順着臉頰流下來。她的確非常在意媽媽對她的態度，她印象中，2歲前，她有如父母的瑰寶，捧在手心，呵護不已。自弟弟出生以後，在媽媽的眼中，她好像變了次等貨，凡事也要以弟弟為先、弟弟為重。特別晴子升上中學後，自我意識變得稍強，與弟弟開展了無形的競賽。讀書成績，要比；品行評分，要比；學校質素，要比；朋友多寡，也要比；總之，有形的無形的，都納入晴子的比較之列。晴子的資質不錯，稍作努力，就輕輕鬆鬆地勝過弟弟。只是，這些優異的成績表似乎與媽媽的關懷扯不上關係，弟弟愈是不濟，愈顯示他需要媽媽的關注，媽媽分給他的時間要比晴子多得很。爸爸老早就留意到這個情況，因而把自己的全部關注都放在晴子身上，希望她不會蒙受冷落之感。

極端想法的由來

晴子並非刻意用割走子宮的想法來吸引媽媽的注意力，她是不經意的發現，當自己涉及女性、欺凌、強姦等的話題時，媽媽會顯示出格外的關注，而這些關注，僅限於同為女性的她才能參與，弟弟絕對無法加入。漸漸地，她的想法被個人意識所潛移默化，她腦海中不斷重複地浮出種種獲取關注的想法。她沒有刻意分析這些極端的想法所帶來的後果，只是滿足於因這些舉動、想法後繼而來的回饋，而對晴子來說，這稱得上是「正面回饋」，她因而得到了一直渴求的東西——媽媽的關心。於是，「正面回饋」又強化了她的極端想法，像是鼓勵晴子衍生更多難以理解的難題。切除子宮，只是其中一個想法。說不定，當媽媽不再關心此念頭時，一些更不着邊際的想法又會浮現在晴子的腦海中。在醫學上，我們會稱之為「邊緣人格障礙」。

為家中各人重新定位

我嘗試把晴子家中各人的角色重新定位，爸爸不再是晴子唯一依靠，當晴子遇上困難時，要求爸爸伸出援手時，爸爸不妨與媽媽共同介入，攜手解決問題。有時更可刻意製造機會，讓媽媽成為難題的終結者。而媽媽，最重要的是讓她明白公平對待每個孩子的重要性，偏心任何一個孩子，都會嚴重

傷害其他孩子的感情，她要嘗試平衡對晴子與弟弟的關注。弟弟也在整個家庭中擔當重要的角色，他在提醒爸媽的同時，亦可作為家庭的潤滑劑，適時融合家中各人的行動。如爸爸過度專注晴子時，弟弟不妨湊一份兒，以開玩笑的形式要求爸爸一併關心自己；當媽媽放縱弟弟一些行為時，也把晴子拉下水同行，讓她明白，弟弟是個共同成長的夥伴，而非互相競爭的對手。「冰封三尺，非一日之寒。」要解決晴子與媽媽的關係，需要無盡的耐心與無止的時間。只要家中各人都願意共同努力，晴子定必放下惹人疑惑的想法，繼續好好享受她的青葱歲月。

醫生
小建議

家庭講求的是整體性，欠缺任何一方，都有可能令家庭出現裂痕。如果子女僅獲得父母其中一方單方面的偏愛，他們的性格發展會有偏差之餘，亦難以平衡整個家庭的關係。當發現子女有問題時，不妨問問自己下列問題：

- 我與子女建立的相處模式有偏差嗎？
- 我會否主動了解子女的困擾？
- 我對子女生事的取態點是甚麼？

猛鬼來襲

不知你是否相信鬼魂的存在？我無意要在此討論怪力鬼神之說，只是臨床上，我總逃不過與鬼神有所交集，不論是來自東方的鬼，還是源自西方的神，我都略懂知一二，不單與之有感應，偶然更擔起驅魔人的角色，幫患者除去心中的魔、腦中的障。

在診所驅鬼

「呼呼呼！」「嘭嘭嘭！」房內不時傳出聲響，緊接着連綿的沉重腳踏聲，及一連串語意不明的呢喃，一個肥大的身影突然出現於接待處，圓圓的面上掛着兩額汗，姑娘們還未及開口提問，已被眼前的一雙手截住了。

「快給我幾個利是封！」我說。

拿走了姑娘收在袋中以備不時之需的紅封後，隨即急步趕回診症室。

約莫過了半個小時，房內終於回復安靜，病人志豪如常地取藥離開，臨離去時，志豪的媽媽留下一句使人一頭霧水的說話：「想不到麥醫生連未知領域都能處理。」

志豪才剛踏出診所門口，就聽到姑娘們急促的腳步聲，伴隨着大力的敲門聲，「醫生，你沒事吧？」姑娘戰戰兢兢地問我。我會心微笑，着姑娘不要緊張，解釋剛剛房內傳出的聲響，是我在施行「驅鬼儀式」。我說：「別

怕！診所沒有鬼，就算有我也不知道，因為我沒有陰陽眼，剛剛的所謂的儀式，只是診症的一部分。」

被鬼附身的開朗青年

志豪是經轉介而到我診所，在他就診的前一天，他的家庭醫生特意致電，大致向我說明他現時的情況，好讓我心中有個底蘊。這個照顧志豪全家的家庭醫生，有着與志豪如朋友般的關係，根據他的描述，志豪家上至父母，下至弟弟，只要身體出現不適，都會到其診所就醫，偶然上下班碰到大家，都會寒喧幾句。他形容，17 歲前的志豪是個開朗又有抱負的青年，雖不多言，但想法積極，對未來滿是計劃。他亦很喜歡志豪這個孩子，認為他總是充滿正能量。

這與我對志豪的印象大相逕庭；初見志豪，他有如坐上插着針的氈子上，坐不安、站不定，坐不到兩分鐘，就要求站起來，來來回回的在診症室踱步。他娓娓道出最近所經歷的恐怖體驗：「明明眼前擺了一堆完好無缺的美食，但它們瞬間變成一堆佈滿蟲子、正在腐爛的食物。我問過身邊人，食物是否有異樣，他們通通均回答沒問題。不僅是食物外貌，味道亦然；本應美味非常的食物，放到口中，味道卻突然變得無比難吃，簡直是吞不下去。」

他反覆思考問題所在，碰巧有位信奉基督教的朋友遇上神蹟，他認為志豪的古怪感受可能與惡魔有關，請他向教會的神職人員求助。志豪轉述神父所言，他現正被邪

靈附身，因而影響到他對食物的觀感及味覺，神父曾經為他祈禱，但志豪自言效果不大，不時聽到耳邊惡魔嘗試攀談，為了蓋過惡魔的聲音，他不惜大叫大喊，看在他人的眼裏，就像瘋子般亂吵亂叫。

多虧家庭醫生的提示，我得知志豪病情的轉捩點是17歲那一年。我請志豪告訴我中五前後的校園生活，原來他當年參加了學校舉辦的澳洲交流活動，回港後，就變得寡言多慮，父母起初不以為意，但經家庭醫生的提醒後，亦有親身向志豪了解其狀況，志豪當時只是敷衍應對，父母有感問題不大，也沒有再跟進下去。情緒低落的狀態持續了年多，直到家庭醫生在診所附近碰到志豪，他刻意迴避，又眼神飄浮，才請他到精神科求診。

| 個案剖析 | **被欺凌的青年** |

由於吸食毒品在外國學校並不罕見，我直接問志豪：「你有吸食毒品的習慣嗎？」。志豪不諱言自己有吸食大麻，在澳洲交流期間，因受不住同儕的誘惑而染上此壞習慣，但現時吸食次數不多，份量亦少。我曾經懷疑志豪是否因大麻而引發腦部功能紊亂，繼而出現一些奇怪的想法。可是，經檢查後，大腦結構的分子雖因大麻而產生變化，但不至影響日常的基本運作，亦不會構成幻覺幻聽的出現。

　　我發現志豪對「邪靈附身」極之在意，遍訪了不同宗教，藥石無靈下才帶着一丁點希望來到我診所。不解開邪靈惡魔之心結，很難與志豪交心；我於是傚法江湖術士的一套，在診症室「開壇作法」，施展「驅魔之術」來把志豪心中的惡魔驅走，還擔心志豪不願服藥，把藥物放入利是封，佯裝是施法後的「聖物」，叮囑他要準時服用。

　　不知是神靈的保佑，還是藥物發揮功效，志豪兩天後主動約見。席間，他終於向我透露一直潛藏已久的心結。他在澳洲逗留了短短三個月，認識了不少當地的學生。他是個早產嬰，以亞洲人的標準來說，本已屬於身形瘦削的一群，與天生體格魁梧的澳洲人相比起來，就更形嬌小。歧視亞裔於外國的社會不足為奇，加上志豪瘦弱的外形，自自然然成為了孤立及欺凌的對象；更甚的是，同學們還對他作出不同程度的性騷擾，包括不當的身體接觸、用帶有性字眼的粗言辱罵等。志豪人在異鄉，不諳英語，有口難言，只好啞忍，被欺壓且無比無助的委屈一直沒法紓解，演變成惶惶不安的情緒。雖回港後爸媽曾對他表示關心，他也因家中絕口不提性，父母甚至從來沒有公開談過性，自然而然覺得被性騷擾是段羞於啟齒的經歷，絲毫不敢向家人透露半點；時間愈久，不安的情緒愈是發酵，朋友介紹大麻可以安撫情緒，於是通過不斷吸食大麻來麻

痹抑壓已久又難以排解的負能量。

　　得知問題癥結後，我診斷志豪患上了解離症（Dissociative Disorder），亦是坊間常稱的「人格分裂」，患者通常會透過分裂人格，或者轉化成特殊身體徵狀，使他們暫時遠離日常生活中的痛苦。志豪的病況，是希望藉由「邪靈附身」引起的身體反應，而逃避自澳洲交流時遺下的內心創傷。

從日常生活入手

　　志豪的父母應該估計不到，他們保守的性觀念，對性話題難以啟齒，會成為志豪病發的誘因之一。多少家庭願意大灑金錢，讓孩子上補習班、鋼琴班、游泳班等等，卻唯獨沒有「性教育」。性教育從來並非獨立的個體，它是家庭生活教育的一個重要部分，對於孩子的發展具相當重要的影響。別以為性教育就只是單純的生殖器官教育，人際間的情感、男女性別的角色、以至戀愛結婚，再到性騷擾、性暴力，以及保護自己，都是性教育的一部分。假若志豪父母持開放態度討論性的議題，他斷不會於遭受性騷擾時不懂應對，最後更因羞於啟齒而使到負面情緒無限累積。

　　很多時候，我們心中的魔是不經不覺地成形的，爸媽不要把學業成績作為子女的唯一着眼點，

對子女的情緒起伏、朋輩間的相處、學校裏的掙扎都不聞不問，不妨多問幾句、多點耐性、多些相處。要志豪說出心底困擾並不難，假若爸媽願意花點時間，與志豪坐下來，好好吃頓飯、聊個天，先了解他的生活圈子、朋輩關係，不難發現他有吸食大麻的習慣。如果再添點耐性，不以怪責的態度，逐步逐步拆解他背後潛藏的繭，魔鬼根本找不到入侵志豪的機會。

醫生小建議

性騷擾／性侵在許多人眼中，是件「見光死」的事情，不了了之就是最佳的解決方法？拒絕回應其實是對被害者的二次傷害，家長應與子女共同正視問題，尋求專業人士及警方的協助，積極解決問題，並正面回應性騷擾／性侵帶來的創傷，讓子女感受到父母無時無刻在其身旁提供周全的保護，讓他們安然成長。

放棄式頭痛

漫遊電話聲突然響起，原來是診所的姑娘致電給我。聽筒的另一端傳來姑娘帶點害怕的聲音：「麥醫生，有位病人在沒預約的情況下闖入診所，待了差不多兩個小時，仍然不願離去，他說自己頭痛欲裂，堅持要跟你會面，我已告知你人不在港，但他好像聽不入耳，堅持要在診所一直等，直至你願意跟他會面為止。」

不請自來

我聽罷不免有點沾沾自喜，難道現今世代，醫生也會有粉絲？這個無謂的想法僅維持了數秒，心思立即轉到診所的現況上，一方面擔心患者的病況，另一方面又憂慮姑娘們的安全，畢竟我不在診所，所有事都只能遙距操作，沒法得知即時狀況。我簡單交代姑娘問患者幾個問題，同時與其通話幾句，掛電話前叮嚀姑娘要以短訊與我保持聯繫，才萬般不放心地掛線。當天黃昏，我完成澳門的診症後，立即坐船趕回診所與趙先生見面。

回港的途中，我腦海不斷搜尋患者的記憶，趙先生是在公立醫院診症過的病人？抑或是良久以前看過一次就沒覆診的病人？謎團在與趙先生碰面時就解開了。我才剛踏進診所的大門，就迎上趙先生熱切期盼的目光，他迫不及待地衝上前對我說：「我終於找到你了，麥醫生，久仰大

名，有幸跟你會面。」然後就來個熱情擁抱，還緊握我雙臂不放，握了好幾分鐘，直到我問他頭痛的情況，手才慢慢鬆開。

　　我也不敢怠慢，立即邀請趙先生進入診症房詳談，我連聲抱歉讓他等了大半天。怎料，他的回答很有趣，他說：「我只問你一句，你是不是全香港最好的精神科醫生？你只要說一句是，我再多等幾天都無妨。」根據我的臨床經驗，眼前的趙先生病況不輕，跟他對話要謹慎一點，我胡謅了幾句，把話題轉移到他的頭痛的狀況。他告訴我，頭痛得非常厲害，好像有人拿着大錘子，一下一下地敲擊他的頭部，不知是否過於痛楚，有時他會聽到腦中有人跟他說話，着他做這些、幹那些。

曾確診精神病患

　　與趙先生對談了近兩個小時，發現他的說話內容空泛又不着邊際，而且離題萬里，此刻明明在討論他的頭痛的狀況，下一刻已把話題轉至太空人；所以即使用上較平常多一倍的時間，也只能得知趙先生一些基本背景。他在國內出生，5、6 歲左右隨家人移居香港，家人從事中港貿易生意。趙先生中學時期曾被強制入院，住了大概兩個月後出院。他自言病發前把家中生意打理得頭頭是道，把生意版圖擴展至海外市場，賺了好幾桶金。只是，父母現時都不讓他接觸公司的事務，生怕他的病情會影響到公司。

　　單憑趙先生片面之詞，我難以求證真偽。會診完畢

前，向他取得其姐姐的電話，希望由他姐姐口中，能拼砌出較完整的畫面。姐姐告訴我，趙先生十多年前因確診患思覺失調而被強制入院，出院後有一段長時間依時覆診服藥，病況一度好轉。中學畢業之後，趙先生更加入父母的貿易公司，他有點小聰明，加以當時的病況非常穩定，他開拓了公司的海外市場，促成了好幾宗大額的交易。父母當時還很慶幸身為長子的他，成功擺脫病魔，成為家中的驕傲。

斷斷續續的治療

因為生意上的需要，趙先生被派駐深圳，全權打理國內的業務。他因而錯過好幾次的覆診日期，家人眼看公司業務蒸蒸日上，也不覺得趙先生有繼續覆診的需要，更鼓勵他自行購買國內的藥物。根據趙先生的描述，他長駐國內年多後，失眠、頭痛及幻聽等的陽性徵狀間或出現，他有提出過回港就醫，但都被父母勸退，着他自行在國內的藥房購買頭痛藥、安眠藥等的成藥以解燃眉之急。

直至今年年頭，家人發現他曠工，找上家門時他情緒極低落，連踏出家門的動力也沒有，更夜夜難眠，根本沒有能力再處理公司的事務，遂把趙先生趕回香港，要他待在家中好好休息。最近他突然覺得頭痛得像戴了緊箍咒，繼而不斷在網絡上尋找資料，遍訪全港不同的專科醫生來治病，糊糊塗塗下來到我診所。

個案剖析

家人的支持才是王道

　　趙先生大概覆診了 3、4 次之後，就失去蹤影，即使我們不斷致電他，都聯絡不上。我們亦曾聯絡過他的家人，他們都只是推塘其詞，用千個萬個的藉口把覆診的日期一拖再拖，最後當然是杳無音信。想到他正值壯年，家境不錯，雖說他的病暫時沒法完全根治，但只要他積極求醫，要控制病情，維持正常生活，並非天方夜譚。他早年依時就診時狀態大勇，就最能體現治療的重要性。

　　同時，我也很惱怒他的家人，不是只有夫妻才需要共患難，作為家人，更加需要與患者同行，家人簡單一句問候、短短的鼓勵說話，對趙先生來說，有如神之手，向在飽受病徵折磨掙扎中的他伸出最溫暖的手。只要家人簡單一步，鼓勵趙先生再度求診，一個大好青年，就不會一直被病魔煎熬，白白斷送了無可限量的美好前途。

醫生
小建議

精神病與很多其他的病有個共通點，完全根治是有賴家人的密切觀察。即使患者初期病發時，得到家人的全力支持下而成功康復，也不代表日後零復發；但如果家人多加留意，找出切入點並不難，在復康路上與患者同行，陪伴與鼓勵，才是相處之道。

斬人的背後

報紙上偶有持刀斬人的新聞，每當大家聽到類似的新聞，就會說：「又是精神病患者斬人，他們瘋瘋癲癲的，為何不關進瘋人院？」我們有否想過，問題不一定出於患者的本身？而是圍繞着他們的身邊人？特別是孕育他們成長的家庭，家庭是快樂的源頭，反過來亦可是痛苦的來源。家庭為我們帶來的，不一定是溫暖，有太多例子告訴我們，許多無形的傷害，是由家庭加諸在患者身上。

因企圖持刀傷人而被捕

枳彤是經社工轉介而到來，她早前因為企圖持刀傷人被捕，在接受警司警戒後，強制轉介至社福機構，由社工跟進並監察其狀況，再定期向警方報告。還未正式與枳彤見面前，我與社工譚姑娘通電話，先了解事情的始末。由譚姑娘口中得知，持刀傷人事發於個多星期前，枳彤如常的在家觀看電視，突然在毫無先兆的情況下，衝進廚房，拿起菜刀，一邊對其爸爸瘋狂揮動，一邊口中念念有詞，過了大概十分鐘，她持刀衝出大門，在走廊向同層的左鄰右舍大呱大叫，鄰居害怕傷及無辜，最終報警了事。由於她沒有傷及任何人，加上有精神病的紀錄，警方在調查後把枳彤送院，強制住院幾天後，就交由社工跟進。

枳彤說：「麥醫生，我不想再入院！入院後，我好像

失去自我，忘了時間般迷迷糊糊了幾天，也不知幹過些甚麼，就胡里胡塗地出院了。」我對其是否需要再住院不加意見，倒是想多了解她的病況。於是，把時間軸拉到事發之時，請枳彤詳細跟我交代事件的經過。

被騷擾的生活

枳彤續說：「由兩個星期前開始，我發現有人跟蹤我；真的，不論我是走在街上、還是待在家中，那群人不知用甚麼的方法，要不是監聽我與他人的對話，就是監視着我的一舉一動。」

我說：「你一定感到很害怕，那你有沒有告訴家人？」

枳彤低着頭，聲音聽起來有點緊繃：「家人……你是指我爸嗎？好像是有，又好像沒有，我也記得不太清楚了。但我肯定有打９９９，只是當電話一接通，我就知道，連警方也不可靠，因為他們的電話線已被竊聽，我立即掛上電話。其實，我也不知如何是好，我既沒能力阻止他們，又搞不清他們何故監察我。」

我問：「那持刀呢？他們想傷害你，所以你反抗？」

持刀為了保護家人

枳彤突然抬起頭，雙眼發亮地對我說：「你怎麼知道的？我終於找到知心人了。跟蹤者說已經掌握我一家大小的行蹤，隨時會對他們作出傷害。就在當晚，我看電視的途中，隱約感受到不明所以的監察目光，更聽到他們

說要殺害我爸，我怕他們真的有所行動，才衝到廚房提刀防備，我絕對沒有傷害其他人的意圖，只想保護爸爸而已。」

多災多難的成長經歷

由枳彤的對話得知，她很疼愛爸爸，但她從未提及過媽媽，我忍不住把話題轉到她的家庭背景，但枳彤不願多談，僅透露其家庭生活並不愉快。我容後再向譚姑娘了解，方知她來自一個充滿不安與動盪的家庭，媽媽疑似患有精神病，因為媽媽經常性對空氣說話，枳彤對古怪的行徑早已習以為常。當時的社會對精神病的認識非常有限，家人理解不了媽媽的情況，壓根兒不知如何處理，又忙於為口奔馳，只好撒手不理。結果，媽媽有日突然離家，不知所終，枳彤自此就沒再見過媽媽了。爸爸學歷不高，要養活一家六口，只好賣力工作，鮮有照料家庭；即使回到家中，也對枳彤不瞅不睬，只管借酒消愁，酒醉後時有虐打枳彤。由小到大，她唯一可依靠的對象就是祖母，不論被爸爸虐打而不快，還是因學業成績理想而受到老師讚許，她都與祖母共同面對、一同分享，祖母對枳彤而言，既是血濃於水的親人，又是同甘共苦的好友，關係密不可分。

可惜我沒法由祖母口中多作了解，只因她個
多月前因病離世，爸爸告訴我，枳彤面對祖母的離
開，表現得傷心欲絕，整整哭了三天，才勉強地收
起淚水，那些被害的妄想及幻聽，也由此時逐步浮
現。枳彤患上的是「急性思覺失調」，她於少於兩
星期的時間內，由完全沒有任何精神病病徵，到出
現幻覺、妄想等明顯的異常精神狀態。根據我的經
驗，此類型的患者於發病前常會發生親人亡故、伴
侶離去等突如其來又難以接受之事。

多一點關心 少一點問題

來到今天，我難以追溯枳彤媽媽的病史，但
我推測媽媽可能患有思覺失調，而遺傳因子亦影響
着枳彤，為她埋下精神病患的種子。作為家人，當
然要關心患者自身的病況，但同時要多留意患者的
親人，特別是直系親屬。有不少研究指出，精神病
患者的子女，罹患不同類型的精神病的比率，較家
族沒有精神病史的子女為高。枳彤爸爸被生活消耗
了對家庭的愛，枳彤就像是爸爸的家用消氣包，動
不動就是拳打腳踢，為年幼的她帶來極大的身心傷
害。年邁的祖母對精神病一無所知，即使她過去曾
出現輕微的病徵，不多加留神，很容易被忽略。我
想藉此提醒大家，假若身邊有精神病患者的後代，

請多加留意他們的精神狀態，一旦發現有任何難以理解的舉動，請立即諮詢專業人士的意見。當中以察覺思覺失調的患者尤其重要，愈早發現，接受治療，重回正常生活軌道的機會愈大。

　　與像枳彤般的患者相處，我們要謹記一個首則——認同感受，不作否定。在交談的過程中，我從沒有否定過枳彤的妄想幻聽，她尋求的是認同感，事情的真確性，對枳彤來說，一點都不重要。她不會因為我為其驗證真偽而好轉過來，反倒會因為我的認同關心而多說多分享，讓我有更多機會找到切入點，從而作進一步的跟進及幫助。所以，當面對思覺失調的患者時，切忌爭拗其所見所聞，只需要認同他們不安或是畏懼的感受，慢慢安撫其情緒，容後再介入治療。

醫生
小建議

身處於香港如斯迫人的生活環境，很多家庭都會面對類似的窘境，為人父母，要了解與子女的相處時光是極為寶貴，一閃即逝，亦一去不返。所謂「家齊、國治、天下平」，如果連家庭的關係也處理不當，經常家無寧日，即使盡得世間財，就代表幸福快樂嗎？

垃圾的家

你能想像，自己的家堆滿垃圾，堆到連走路的通道都沒有？如果你身處這樣的惡劣環境，你會如何是好？搬離與垃圾為伴的家？還是把東西通通都清掉？有沒有想過，那些在你眼中的垃圾廢物，對某些人來說，是珍而重之的瑰寶呢？

雜物房？家？

　　第一次進入她的屋內，衝着我而來並非陳婆婆，而是撲鼻而來的陣陣難聞的酸臭味。味道不是來自陳婆婆的身體，而是源自身旁層層疊疊地圍繞着她的雜物。雜物來自四面八方，有些是廚房用品，有些則是家居雜物，佔地最多的，就是新新舊舊的衣服。

　　「婆婆，你好嗎？我是來探訪妳的麥醫生。」我禮貌地跟她打招呼。

　　「好甚麼好！你是來幹嗎？」陳婆婆粗聲粗氣地回應說。

　　「小玲帶上一堆水果來探你，但太重拿不了，我便自告奮勇來幫她拿水果。又聽說你對香港舊時的製衣業甚為熟悉，我對這方面興趣濃厚，順便來找妳八卦一下。」我隨口編了個藉口。

友善的陳婆婆

　　小玲是住在陳婆婆隔壁、20出頭的年輕女子，其父母三十多年前搬到陳婆婆隔壁，小玲可算是在婆婆的照料下成長，她的友善，讓小玲擁有一個快樂的童年；陳婆婆時不時買小玩意給她，遇上大時大節，更會煮好九大簋，宴請她們一家作客。陳婆婆成為小玲童年美好回憶中不可或缺的人物。然而，自五年前開始，陳婆婆的性格變得古古怪怪，說是古怪，倒不如說是孤癖，她變得抗拒與人交流，即使於走廊與小玲迎面而過，她也特意別開臉，佯裝沒看到。小玲又發現，她喜歡收集不必要的物件，小玲棄置於垃圾房的雜物，隔天就會出現在陳婆婆的家。小玲以前間或會找陳婆婆聊天吃飯，但由於她家中的雜物太多，小小的房子被雜物堆得只餘下狹窄的通道，僅能容下瘦小的陳婆婆左避右閃地通過，小玲再也不便到她家中作客。小玲現職慈善機構，得知我偶爾會義診，輾轉下成就了此次的家訪。

　　我環顧房子的環境，整齊當然說不上，但明顯是亂中有序，為數最多的衣服堆在廚房與洗手間，一層一層的疊起來，遠看就像是一幅無形的牆；其他的雜物，分門別類地的堆放在屋內不同的角落。唯獨是房內的一個小角落，一堆不明的東西以層層花布及重重衣服遮蓋着，我想走近一點時，身後就傳來陳婆婆的喝止聲：「停！別再向前走了！」

垃圾趕走了兒子

要讓患有認知障礙的陳婆婆卸下防備並不難，只需要多花幾倍的時間及多耗幾成的耐心。屢敗屢戰下，陳婆婆不再抗拒我的探訪，更向我透露她的過去，她曾是車衣廠的工廠女工，工作了差不多三十個年頭，才因為工廠北移而退休，離職時，兒子浩然也畢業了好幾年，工作穩定，所以陳婆婆也沒有再就業的打算，索性退下來安享晚年。苦盡未必甜來，自退休後，陳婆婆就出現上述不知所以的行為，浩然初期也忍着氣，苦口婆心地勸她不要再把垃圾帶回家，隨着家中的雜物愈積愈多，招來不少鼠輩同住，浩然再也忍不下去，幾次強行把她的寶物扔棄，婆婆發現後大怒，狠狠地與浩然吵了幾場；自此，浩然搬走了，亦很少聯絡婆婆，因為每次回家，總會因看那些不順眼的垃圾而爭吵不休。

個案剖析	婆婆的寶藏

終於，我在某次拜訪陳婆婆後，在大門外與浩然碰面，他見我如此熱情，也沒推卻我的邀請，在外坐下聊聊，我跟他報告婆婆的病情後，隨口問他：「你兒時最愛的玩具是鐵甲萬能俠嗎？」浩然顯得很驚訝，瞳孔放大的雙眼直視着我，反問：「你怎麼知道的？」

某次家訪，婆婆主動說起浩然的往事，說着說

着，她帶我到房間的小角落，揭開厚厚的花布，展示她心中的瑰寶——發黃的鐵甲萬能俠模型，那才是一直深埋在婆婆心中的真正寶藏。浩然本來也對於婆婆的病情愛理不理，但知道她的「寶藏」後，就眼泛淚光地問我：「我該如何與媽媽重修關係？」

圓滿的人生路

時光轉眼飛逝，我再聽到陳婆婆的消息，已經是三年後的今天，浩然致電給我，多謝我對婆婆的支持，也感激我讓他學會與認知障礙的媽媽相處之道，他很慶幸自己可以陪伴媽媽走完人生的最後一程；雖然過程中仍存有不少的磨擦，但總算在吵吵鬧鬧中送走了媽媽，讓她無憾離開人世，寫下圓滿的最終篇。

面對家中固執倔強的長者，身為子女，嘗試別就單一事件與長者爭拗不休，不妨卸下武裝，不專注討論事實層面，以理解的態度與他們相處，慢慢了解背後的原因，再耐心說服他們，切忌急躁及發脾氣。特別是剛退休的長者，於營營役役的生活軌道上突然停下腳步，失去了正常的出口軌道，難免會胡思亂想，做出一些奇奇怪怪的行為，常常與他們聊天，介紹一些新事物，致力提高他們的生活品質，奇怪行為可能會無聲無色地消失。

醫生
小建議

不少子女以為父母不會變老，無論經過多少歲月，依然一如往昔，可以自己照顧自己，而忽略了長者的認知隨着年紀增長而慢慢變差。要知道，子女要時刻關心年邁的父母，若然發生衝突，也千萬不能意氣用事，怒氣不能改變任何事情，反而耐心聆聽、用同理心理解，不難發現父母仍是惦掛子女，所說所行也是出於關心之情，衝突亦可避免。

家庭守護者

有沒有想過一個僅為 23 歲、本應燃燒着歲月、享受着青春的年紀，卻偏偏小心翼翼、步步為慎地於家庭中擔任中間人的角色，成熟得叫人驚訝。她自覺有責任、有義務、有需要成為家庭的守護者。究竟背後有甚麼樣的原因驅使她有如斯的想法呢？

雀躍的她

　　青兒經由普通科醫生轉介來到我診所，剛步入診症室，她滿面笑容，表現完全不像抑鬱症的患者，特別是談及與男朋友的話題，她表現得極為雀躍。

　　「他真的很浪漫，早兩天突然出現在公司，在眾人面前送我一大束鮮花，使我既興奮又驚喜！」青兒眉飛色舞地跟我談及與男朋友相處的點滴，喜悅之情溢於言表。可是，我留意到她興奮得有點過火，感覺就像是刻意在人前表現出她的愉悅，再仔細留意青兒的表情，眉宇間帶點憂心，即使努力以化妝品遮掩，仍難掩眼底下清晰可見的黑眼圈。

長期失眠

　　我打斷她的說話，反問她：「你最近是否睡得不好？」

　　青兒頓了一頓才說：「醫生，看來我騙不了你，我不是最近才睡得不穩，是一直以來的睡眠質素都很差，近月更每況愈下，由先前的輕微失眠，到現在幾乎整晚均難以入睡。」她續說：「最近也出現半夜扎醒的情況，一旦醒來，得花上三小時或以上，輾轉反側，才能重新入睡。」

　　我想進而了解她的情緒狀態，開始詢問她的近況，包括她的興趣、日常生活習慣及生活節奏等，發現青兒除了睡眠障礙外，情緒亦不太尋常，經常無故感到情緒低落，更不能自控地哭哭啼啼，事前既沒發生任何不快之事，也沒受刺激；男友更察覺她對任何事都提不起勁，以往感到饒富趣味的事情，如今都變得索然無味。

　　青兒自言年幼時，家中發生過一些不快的事情，但她堅信自己沒有因而受到影響，她絕對有能力、有信心安然過度。我當然不會輕易相信這番說話，亦深信她的家庭問題，並非如她所言般簡單。

躁鬱的爸爸

　　原來青兒並非家中唯一的精神病患者，她的爸爸早在三十多年前被確診患上躁鬱症，當時醫學對此症的敏感度不足，即使她媽媽察覺丈夫與常人大為不同，也不知何以處理。在缺乏支援的情況下，她爸爸行徑古怪，時而在毫無預兆下離家，一去就是數個星期，期間杳無音訊；時而沉默不語，天天躺在床上發呆，每隔三到四個月，就會交替發病。而當時正為會考生的青兒，不單承受着爸爸這

些異常的行為，更要面對公開試的壓力，她慢慢出現情緒問題。

還來不及照顧自己的情緒，爸爸就因胡亂消費後償還不了債務而被強制入院，青兒的心情在爸爸住院期間最為平靜，她明言此段期間，沒有了忐忑不安、沒有了提心吊膽、沒有……

只是，世事豈能盡如人意，爸爸出院後僅堅持服了三個月藥，就因缺乏耐性而自行停藥，離家、自言自語的徵狀又再反反覆覆地出現。而青兒面對的不只是爸爸，媽媽的情況也不遑多讓。受着丈夫的病情影響，媽媽的情緒也變得繃緊，甚至帶點神經緊張，經常因芝麻小事而緊張兮兮，猶如驚弓之鳥。爸爸的每個舉動、每樣行為，都牽動着媽媽的情緒，同時也牽動着青兒的心情。

接二連三的衝擊

青兒是家中的獨生女，一面要應付考試的壓力，另一方面要面對家中的突變，年紀尚輕的她被迫急速成長，成為守護家中各人的唯一亦是最後的防衞者。所幸的是，青兒順利渡過難關，以不錯的成績順利考上心儀的大學，畢業後更晉身銀行界，只花了短短兩年的時光，便躍升至經理之職階。

兩年前，青兒發現爸爸有婚外情，她辛辛苦苦賺回來的錢，被爸爸拿去「包二奶」，媽媽更坦言，爸爸每逢病發時，總會偷去家中的現金，瘋狂購物，贈予情人，卻

從沒拿過任何禮物回家。青兒不適的徵狀也由此時再度出現，斷斷續續地持續了兩年，才由家庭醫生轉介到來。

個案剖析 | **被迫成為守護者**

顯然易見，青兒患上是抑鬱症。由青少年期開始，她對父母滿是擔憂，一時擔心爸爸躁鬱症復發，把家中的錢都花光；一時又擔心抑鬱發作，有自毀的可能。除了爸爸，媽媽亦是她憂心非常的對象，一方面長期擔憂丈夫的病情及家中的經濟狀況，另一方面又對婚外情一事耿耿於懷。青兒夾在其中，既要照顧情緒不穩的媽媽，又要照料家中的大小事務，表面上又必須扮作堅強，生怕過分擔心會令父母的病情惡化。對於年紀輕輕的她來說，責任未免太重，壓根兒是消化不了。青兒的憂心，完完全全地反映在她的睡眠之上，她半夜驚醒，全因過於擔心父母，忍不住要在夜闌人靜時，查看他們是否仍有呼吸，深怕她一不留神，他們會無聲無色地消失。

我續而邀請青兒與父母一同前來諮詢；可惜，不知爸爸是病發還是其他因素，只有媽媽陪同青兒到來。席間青兒終於透露心聲，原來她對於父母滿腔不滿，她自小被迫成為家庭守護者，無時無刻需留意父母的情緒起伏；反觀同齡的朋友，他們都被

父母捧在手心、生活在百般呵護之下，她既是無奈又是妒嫉。即使走到今天，爸爸仍對青兒表現得滿不在乎，連簡單如陪診都拒絕同行，這種情緒日積月累地積壓在心中，加上爸爸的遺傳因子，成為了青兒病發的誘因。

家庭治療解心結

解鈴還須繫鈴人，青兒的問題，源於爸爸，也只能止於爸爸。我不厭其煩地致電給她的爸爸，想多了解他一點，也想勸喻他陪同青兒來診所。經過間間續續的電話溝通，我發現爸爸心底裏對青兒甚是婉惜，他清楚知道自己的病情及行為對她造成很大的困擾，也讓她擁有一個動盪的童年。他不願陪診，只是想逃避問題，深怕面對不了「千古罪人」之名。

幾番勸說以後，爸爸為了青兒，終於願意為家庭關係找出路，與妻子一同前來接受家庭治療，青兒亦坦白道出長久以來對爸爸的怨氣。青兒始終是很疼愛父母，知道爸爸願意踏出第一步，也學着嘗試接受與他人不同的家庭模式，享受轉變的過程。她與爸爸的關係也漸漸在不知不覺間變得和諧。

醫生
小建議

子女作為家庭守護者的角色，在臨床個案上很常見，假若發現身邊人情緒出現問題，先不要把問題無限放大，嘗試了解問題的癥結所在，有時可能只是極為微小的心結，只是一直被忽略，使問題愈滾愈大。一旦這個微不足道的糾結得以解決，情緒的問題都會隨之而得到控制。

性別反抗

你對性別不安（Gender Dysphoria）有甚麼概念？一無所知？略知一二？簡單來說，是指個人對出生時的原生性別感到不認同，更因而感到不安或焦慮。大眾對這個障礙的認知不多，往往會出現「變性人」等的負面標籤。但了解並不代表明白箇中感受，更會有人以此作為對抗的手段。

我個囡要變性

　　率先進來診症室的是佩宜的媽媽，她的面容，擔心中又帶點不滿，其中滲雜着百般無奈。距離佩宜的預約時間尚有半小時，只是，媽媽認為有需要在她到診前與我會一會，特意通知姑娘，請我提前到達診所，先行了解佩宜的現況。

　　媽媽說道：「麥醫生，我告訴你，佩宜並不是性別不安，她鐵定是有其他原因的，至於是甚麼，那要你來發掘一下了。」

　　從爸爸致電診所預約時所提供的資料，我得知佩宜並非首次求診精神科醫生，既然媽媽這麼確定佩宜不是性別障礙，我遂請她把佩宜的病史詳細告之。約在大半年前，佩宜突然煞有介事地把家中眾成員召集開家庭會議，會上宣佈自己決定要進行性別重置手術，希望得到家中各人的支持。爸媽聽罷除了驚訝，只餘下不知所措，隨即瘋狂上

網搜尋相關資料，經過一次又一次的身體檢查，最後轉介到精神科診所。佩宜持續覆診了半年，醫生有感她的性別不安來得不簡單，得知我昔日於公立醫院累積了不少診斷性別障礙的經驗，遂轉介佩宜來讓我進一步跟進。

轉換性別以表達對媽媽的憎恨

佩宜的態度，只能用煩躁不忿來形容，「為甚麼不可以做手術？明明之前的醫生已確診了，還等甚麼？」

我只好重複另一位醫生早已解釋過的程序，她必須接受不少於兩年的精神科醫生及心理學家的全面評估，同時作真實生活體驗，才可考慮進行性別重置手術。佩宜極不服氣，有奪門而出的衝動，但礙於承諾了門外的爸爸，最低限度也要完成一節的會診，她才不情不願地繼續坐下。容後的會診，我疑似問了許多有關評估性別的問題，實則拐彎抹角地探究她轉換性別的誘因。

說實在，會談過程中得知資料不多，但可以肯定的是，佩宜對媽媽極為不滿。傾談過程中，不時談及其家庭就手術問題而爭吵，但她每次都把責任推向媽媽一方。

「都是媽媽，她不煩我不就沒事了！」

「如果媽媽願意把眼界開闊一點，我們就用不着在此事上糾纏。」

「天天吵、天天罵，光是應付媽媽，已經把我的心神全消耗！」

以上的怨言不時出現在與佩宜的對談過程中。

充滿暗湧的家庭關係

既然已經與家庭中兩個重心人物會過面，接着免不了向爸爸了解佩宜的心態。我繼而邀請父母一同入內，最初我估計他們在房內會為佩宜的事而生花火，出奇的是，他們表現得很平靜，整個傾談的過程，除了媽媽經常搶白發言外，氣氛尚算是和平。只是，我發現，一旦我沒刻意加入他們的討論，氣氛會有藏不住的跋扈緊張。我感覺到，他們各有隱瞞，不同時會見，拆解不了他們的困惑。果如所料，一旦開啟了他們的三人會談的按鈕，家庭問題就像冷氣般源源不絕地湧出來。

佩宜的家庭，沒有典型吵翻天的情節，爸媽的相處，一如我在診症室的觀察，他們從不吵鬧，媽媽有很多不同想法，喜歡對每事每物都加入自己的意見，不管家人接受與否，總要別人依從她的指示和做法。爸爸也不是省油燈，對自己的看法頗有堅持，但他堅信「家和萬事興」的道理，一些芝麻綠豆的小事，他都讓媽媽決定，不多加意見。遇上挑戰其底線的事宜，他亦從不與媽媽正面衝突，唯唯是諾地同意她，然後又不了了之，繼續依從他的方法而行。媽媽原本已不認同爸爸的做法，提出建議又被忽視，爸爸更鬼鬼祟祟地依然故我，氣難平卻又不想當始作俑者，選擇了以整天嘮嘮叨叨的方式來表達其不滿。時間久了，再好脾氣的爸爸也難以忍受媽媽不分晝夜且咬咬不休的轟炸，只要見到媽媽，面就不自覺板起來，嘴角拉長、微微蹙眉，明擺着一副臭臉。佩宜把一切都看在眼

內，埋在心裏，她為爸爸設定了受害者的角色，而加害爸爸的，當然是媽媽。由他們三人對話時的態度，明顯感覺到佩宜對爸爸百般憐愛，對媽媽卻萬分責備。

報復心態

佩宜年僅 16 歲，能力有限，唯有想盡各種方法為爸爸平反。她偶意留意到媽媽對電視機上婀娜多姿的泰國人妖一面不屑，她就想到以轉換性別作為對抗媽媽的手段，她決意為爸爸抱不平，硬要與媽媽對着幹，做她最討厭的事。所謂的性別重置手術，只不過是佩宜對抗媽媽的手段。

在佩宜的個案上，我最憂心的，並非她的家庭暗湧，而是她的極端想法，要知道性別重置是個不可逆轉的手術，我絕對相信香港醫生的專業知識，但難保佩宜會極致到尋求海外醫生幫忙，一旦她通過外科手術把性徵摘取，就會發展到不可收拾的地步，亦非我能挽回的狀況。

解決父母的冷戰關係

爸媽的關係才是徹底解決佩宜問題的要素，不要以為裝模作樣的和平，就代表家庭和諧。青少年對於父母的關係特別敏感，因為父母就是他們模仿的對象，父母的一舉一動，都是子女的練習本，教

他們如何行走以後的人生路；父母的點滴相處，都會深深地烙印在子女的心底，塑造出他們日後的價值觀。

佩宜爸媽必須要停止掩飾性的行為，嘗試在平心靜氣地表達彼此的見解，知而難行，要把爸媽日久年深的相處模式改變過來，非一時三刻之事；直到今天，我仍努力地調解他們之間的糾紛，積極地調整他們對彼此的期望，佩宜的個案，暫時還處於「革命尚未成功」的階段。只是經我剖釋了父母行為背後的因由後，佩宜終於完全放棄了轉換性別的念頭，反而開始慢慢把心思放在如何與媽媽共存共處而不相衝之上。

醫生小建議

當父母發現子女出現情緒或行為問題時，通常會把其合理化，認為是子女的想法偏頗而致。事實上，子女在家庭擔當着觀察者的角色，他們的想法，構建自對父母一言一行的觀察。當問題產生時，不妨放下懷抱，檢視自身問題，審視夫妻間溝通，把問題的源頭歸咎到子女身上，等同把自己的問題投射在他們身上，以解決他們的問題作為逃避夫婦關係欠佳的藉口。

回到唐朝

現今世代，不論男女，都追求完美的身形。那怕是身上多了一丁點的脂肪，也要以節食、斷食、運動、瑜伽等各式各樣的方法，來把那看不順眼的肥油，硬生生從身上除掉。假如有天，你聽到身邊的朋友突然對你說：「我想變胖！」，請你對他多加留意，你的朋友絕非懷緬唐朝的豐韻，他可能正陷入不自知的情緒低谷內。

我愛豐韻

以男士的標準來說，肥龍長得不算很高，大慨有 170 公分，但體重快要趕上身高的數字。首次見面時最標準，僅 120 磅，但每一次見面，他的體重就像追趕着他的康復進度般節節上升。我倆今天才是第五次見面，他的體重，已急速上升到達肥胖的程度，我一看姑娘們寫下的記錄，不禁一愣，160 磅，這個數字，相信不用我明言，過胖也是第一個閃進你腦海的詞語。

我還未向他提及體重的問題，肥龍就率先向我說：「麥醫生，我情緒好多了，只是還有一個小問題困擾着我。我想再肥一點，你有沒有方法？」

我知道，肥龍又開始逃避自己的情緒問題。別誤會，他可不是暴食症的病人，他並非通過暴飲暴食來宣洩不快的情緒，肥龍患上的是焦慮症，他是為了追求某些認同，才向着暴肥的「目標」進發。

潮州人的家訓

　　假若以朋友的身份認識肥龍，他不是忠肝，也是義膽，只要朋友有事相求，他會義不容辭地幫忙；如果是肥龍的家人，他會不顧一切地付出，他對家人，簡直是鞠躬盡瘁，家人的請求，唯命是從之餘，更使命必達。肥龍的性格特質，與其族系有或多或少的關聯。他生於潮州民系的大家族，其祖先為民初中國商幫的首腦。他的家訓，一如傳統——能擔起頭家的男兒，才稱得上頂天立地。自肥龍出娘胎以來，這個家訓就牢牢的刻在他心目中，陪伴他成長。

　　不幸的是，他剛升上中學，就遇上爸爸早逝，作為家中的長子，他理所當然地擔起照顧兩個年幼妹妹及失去伴侶的媽媽之責任。肥龍回想起來，他的皮膚問題，就是在差不多的時間冒出來。在面對壓力時，諸如考試、家長日、公開演講，他身上都會無故長出一堆疹子，又紅又痕，忍受不了之時，他會着媽媽在藥房買些藥膏，暫時止住痕癢。

　　來到大學時期，焦慮的徵狀又有新猶，他形容自己是個愛擔心的人，他生怕家中發生意外，出門口時總是反反覆覆地檢查，水龍頭關了沒有？煤氣總掣關了沒有？門窗鎖好了沒有？燈關上了沒有？來來回回的檢查了十五分鐘，他才稍為放心地步出家門。不單自己嚴格遵守，更要求家人隨聲附和，一旦他發現家人忘了其中一項，會立即勃然大怒地痛斥家人一番。

焦慮的情況一直沒有離開過肥龍，他畢業後從事服裝買賣生意，腸胃開始變差。時而肚瀉、時而便秘，胃痛更是長伴左右，只要訂單稍有阻滯，胃部剎那間就會變成毛巾般，被不明的情緒一下一下地扭動，痛得冷汗直流。由於胃痛嚴重妨礙他的工作表現，肥龍遍訪了腸胃科的醫生，花了年多的時間，進行了一大堆的化驗及磁力共振，情況仍是得不到絲毫的改善。

<table>
<tr><td>個案剖析</td><td>魁梧的爸爸</td></tr>
</table>

　　肥龍屬於寡言的人，雖然首次來訪，我已確診他是患上焦慮症，卻找不着背後的原因。只是，他很信賴藥物治療，依時服藥，準時覆診，覆診了兩、三次，焦慮的徵狀已大幅度下降。只是，他的體重持續地直線上升，我很清楚體重對他有另一番意義，他卻三緘其口，讓我找不出所以然。

　　我不能繼續放任他無止境地增加體重，於是刻意把話題轉向家庭，說東道西了一陣子，才使肥龍放下戒心，主動拿出全家照，遞到我面對，向我訴說家人對他的重要性。看到照片的那一刻，我立即恍然大悟，終於破解了他追求肥胖體型之迷。肥龍爸爸是個身形極為魁梧的男士，單以相片來估算，他身高約 180 公分，體重粗略估計達 200 磅。

埋在肥龍心目中的，不僅是家訓，還有「長兄為父」這句話。肥龍要代替爸爸，成為家人的依靠者，要完成爸爸未完的心願，保護家人，為了家人，任何的犧牲都是有價值，這樣才有資格擔起頭家。他希望自己日後學有所成，因而擔心考試測驗成績；他想防止家園受到任何破壞，所以才養成反覆檢查的習慣；他希望家人得到安穩的生活，因此拼命工作，一旦碰到影響其收入的波折，就會顯得無比憂心。

長兄為父的焦慮

就在抗焦慮藥物發揮作用，讓他的繃緊情緒稍稍得到紓緩之時，他轉而追求體型上的同化。肥龍覺得，要有如爸爸般強壯的身軀，才能保護家人，不惜大吃大喝，以圖使自己外表看來甚是「魁梧」。他的焦慮，部分是由於性格使然，部分源於爸爸去世的打擊；由於他從沒正視問題所在，徵狀由中學時輕微的皮膚問題，發展成輕度的強迫症，再繼而以由嚴重影響其生活的腸胃不適表現出來。

失去家中的經濟支柱，對身為家庭主婦的肥龍媽媽來說，的確是個重大的轉變，她既要賺錢養家，又要兼顧子女的照料，忽略了對肥龍的情緒變化，也是在所難免的事。若然她可以較早察覺到他

的情緒有異而求助，或是多花心思時間去了解箇中
的來龍去脈，肥龍就能更早得到合適的治療，更有
效地遏止它再度來襲。由於他被焦慮症騷擾得太長
時間，又一直都置之不理，以治標方法來應對，可
以預計，往後的歲月裏，肥龍將要繼續與抗焦慮藥
物結伴，在藥物及心理治療的協助下，與家人共同
面對潛藏已久的情緒困擾，攜手衝破那些令他深陷
低谷的傳統觀念及家訓，令他重返現代，不再沉醉
爸爸理想形象的無盡幻想中。

醫生
小建議

親人過世時，大致分為下列的四個階段：

否認期：讓自己慢慢去接受及明白喪親之痛，不會迫
自己走入死胡同，過度壓抑自己。

憤怒期：由於需要適應喪親的事實，隨之而來的悲痛
會透過恰當的憤怒情緒宣洩而排解。

悲傷期：當哀傷期持續，會漸漸進入低落的情緒而變
得沉淪傷痛之中。

接受期：經過一段時期的消化，一般都會慢慢接受逝
者已去的事實，心情亦會漸漸平伏。

偷拍成癮

當病痛來襲時,你會怎樣面對?能安然面對的,應該只有聖人。平凡如你我的人,應會千方百計令疾病都遠離自己,只是,我們都是普通人,總有一天跟病魔交手,當那刻到來時,除了自己要承受身心之痛,有沒有察覺到,身邊人也同時受着同等、甚至更多的折磨?

偷拍被捕

我從永揚手上接過起訴書及口供紙副本,還未及細閱,他就搶先對我說:「我因偷拍女孩子裙底,現被警方刑事起訴。麥醫生,你真的要幫幫我,我並非存心犯事的。」

我接着問他偷拍時的心態,他回覆我:「我感到心驚膽戰,可說是一步一驚心;偷拍裙底過程中的確帶點刺激,但事後我後悔不已,覺得對不起那些被偷拍的女孩,更對不起老婆。」

翻看紀錄後得知,永揚並非首次偷拍,之前曾有兩次被捕的紀錄,後因證據不足而脫罪。只是這次幸運之神不再眷顧他,他在同一天的早上及黃昏,於地鐵的扶手電梯拍攝女乘客的裙底照,當場被便衣警察逮捕。

工作壓力不過是掩飾

　　既然他不享受偷拍所帶來的快感，甚至會後悔所作所為，其偷拍的衝動行為之緣由才是會談的重點。永揚自言可能由於他任職的大型主題樂園近來因疫情問題而重組架構，他掌管的部門被迫進行合併，作為部門主管，他要兼顧的事情很多，工作時間越來越不穩定，一股莫名的焦慮隨之而來。他既害怕與新同事夾不來，又擔心合併後職位不保。永揚從未轉換工作，一心以穩定為職業的大前提；所以寧願接受較低薪但相對穩定的大公司，也從不往來如梭地轉換工作環境。他認為，一定是排得滿滿的日程讓他感到滿是焦慮，神推鬼擁地作了偷拍之舉。

　　一想到永揚並非初犯，我就知道他在找藉口掩飾。他要掩飾的是甚麼呢？可以肯定的是，只要永揚老婆在場，我永遠都找不到答案；於是，我請永揚老婆給我倆單獨交談的時間。永揚的老婆一離開診症室，我就用半帶威脅的語氣地對他說：「永揚，你要是不坦白，我也幫不了你，偷拍行為是刑事行為，你已經第三次被捕，不坦白對你沒甚麼好處呢！」永揚自知事態非輕，終於向我剖白內心感受。

媽媽帶來的痛

　　永揚：「媽媽的痛苦呻吟聲，至今仍然在我腦海中徘徊不去。」

　　永揚剛升讀中三時，媽媽確診患上乳癌，經大半年

的治療後康復。可是，癌細胞不想輕易放過媽媽，就在永揚高考的那年，媽媽的乳癌復發，更擴散到身體的其他部位；往後的數年，媽媽持續接受電療及化療，但效果未如理想，或許是治療過程太漫長，又或許是療程帶給媽媽太多的痛苦，永揚每天都活在媽媽的病痛的陰霾之下，不是耳聞痛苦的呻吟聲，就是目睹病懨懨的表情，更多時候是媽媽歇斯底里地發脾氣，把癌症帶給她的負面情緒，全部轉介到永揚的身上。

「那天，我剛補習下課，媽媽來電說要我幫忙去掛號。我書包都來不及放下，就匆匆跑到診所，苦等了大半天，換來幾包中藥。我才拖着極疲倦的身軀步入家門，媽媽就對我大喊大叫，說她辛苦得要死，我卻遲遲不拿藥回家，更不斷向我擲東西，說我是不孝子，就是因為生了我這個畜生，上天才用患癌來懲罰她！」永揚一邊低泣着，一邊出神地陷入深深往事回憶中。

媽媽與病魔對抗的過程，為永揚留下許多痛苦的回憶。這些痛苦沒有因為媽媽的逝世而離開，永揚對媽媽的死深存疚意，一遍又一遍地責怪自己，為甚麼生前沒有好好珍惜媽媽？為甚麼自己如此粗心？如此照顧不周？為甚麼讓媽媽那麼痛苦地離開？偷拍的念頭，就是出現在媽媽離世後的第三個月。

個案
剖析

偷影拯救了他

　　永揚明知這樣做不對，但偏偏覺得勢在必行。一旦腦海浮起媽媽的抗癌畫面，他就會決心去偷影，把全副心思放在偷影之上。偷拍就像是永揚的救生圈，每當焦慮不安入侵，他就會通過偷拍來避開焦慮不安的情緒，雖然只能維持非常短暫的時間，但他知道，如不以偷拍來暫緩一下，他鐵定會完全崩潰。

　　永揚的低落情緒並非如他所想般始於工作，工作只是其中一個壓力的源頭，他的抑鬱情緒，從媽媽發病的青少年期起，已揮之不去，他選擇了以偷拍來逃避，所幸一直未因此犯法；直至近來工作遇上突如其來的轉變，變得又沮喪又沒有幹勁，為了讓自己忘卻煩惱，他屢屢以偷拍為發洩，最終難逃法網。永揚長期處於持續抑鬱的狀態，一旦遭逢強大的壓力或劇烈的生活變化，就會導致「雙重抑鬱症」的出現。

留意照顧者的精神健康

　　拆解了永揚的心結，方可對症下藥。他原來從未向老婆提及媽媽對自己的影響，因為他怕老婆會覺得自己很懦弱。我續向他灌輸分享的概念，老婆在他生命中佔着一個極為重要的角色，他的一切，豈論說不出的痛，還是欣喜若狂的喜事，都應當一同面對，共同分擔所有悲哭喜與憂合。把問題用不

同的方法蓋起來，只會令心結愈滾愈大，長久積壓
的困擾使負面情緒演變成不可收拾的地步。

　　永揚的個案亦提醒了我們要關注照顧者的精神
健康，病患者在面對病魔纏繞時，往往不自覺地把
個人的負面情緒加諸到照顧者身上。他們未必出於
自願，只是疾病為他們帶來的痛苦遠超想像，心理
上負荷不了，才會不經意地轉嫁到照顧者之上。假
若家中有長期病患者，在關心患者同時，不妨為照
顧者提供適當的支援，分擔他們的壓力，為他們營
造喘息的空間，不要讓患者與照顧者一起過着精神
緊繃的日子。

醫生小建議

當發現另一半有不當或者不能接受的行為時，請先釋
放自己的情緒，容許自己憤怒，向對方痛罵幾句、發
個脾氣，讓對方了解自己對事件的不滿。但是，切忌
被當時怒氣沖昏頭腦，說出一些難以入耳又咄咄逼人
的狠話，像是：廢物、人渣等，這些說話只會令對方
卻步，把背後的原因吞回去，不作任何解釋。較佳的
做法是，待情緒平伏後，耐心問問對方行為的因由，
過程中不要預設判斷，也不要多加評價，才能找出解
決事情的方案。

芳香的糞便

你喜歡糞便的味道嗎？相信一般人的答案都是否定的。如果你朋友告訴你，他特別喜歡糞便的味道，你會覺得他是變態嗎？味道很多時是個人的喜好，有些人喜歡果味；有些人喜歡刺鼻的味道。假若你對味道的喜好不會對生活或情緒造成任何困擾，那麼即使你喜歡臭氣熏天的味道，也不會是個問題。

由嗅到賴

「我討厭臭味，特別是廁所裏的臭味。但是，我卻偏偏與臭味纏上不解之緣，怎麼也擺脫不了。」

「我很怕會有屎味傳出去，我總是覺得，內褲跟褲子這麼薄的布料，難以把屎味統統蓋住。」俊傑為他的行為向我解釋。俊傑向我說，由三年前開始，他有個反覆檢查肛門的習慣，說是檢查肛門，不如說是嗅肛門；他認為，每次大號以後，僅以紙巾清潔並不足夠，無論是用上乾紙巾，還是濕紙巾，他總是覺得未能徹底清潔。不知不覺間，養成了自己也察覺不到的古怪習慣——反覆嗅着肛門及其周圍以確保沒有臭味。

可是，最後俊傑還是逃不過糞便的無聲侵襲。他正值壯年，任職紀律部隊，因工作需要而有恆常鍛煉，體格強壯。他萬萬料不到，失禁如此丟人的事情，會發生於年僅

29 歲的自己身上。事發在一次突擊操練之前，訓練鐘聲響起，同事們忙着更衣外出列隊，他突然感到內急無比，但作為隊中要員，他自知不可以肚子痛為藉口，強忍一陣陣的絞痛，步出操場，才剛踏出去，就如洪水開閘般急瀉下來，還好當時同儕都不在身旁，他的「醜事」才得以瞞天過海。俊傑知道，不受控制的，不僅是自己的情緒，連身體也越來越不受控，在朋友的勸喻下來到我面前。

自小性格孤僻

「我沒甚麼朋友，因為我不諧與人溝通，而且我總是覺得自己總是與人有種不可言喻的距離。」我問及俊傑的生活狀況時，他是如此形容自己的社交圈子。俊傑續說：「我不知怎麼跟朋友說我的奇怪習慣，家人有告訴我，我會不自覺得地嗅屁股，我也有刻意留意自己的行為；的確，我每隔一小時就會擔心自己的肛門的臭味會傳出來，不期然用各種方法查看，最常用的當然是直接用鼻子去確認。」

可以想像，一位英氣凜然、維持治安的青年，走兩走就會向後望，死盯着自己的屁股，更會想盡方法把鼻子湊過去；不要說朋友，同事也盡量與其疏遠，誰曉得俊傑患上了甚麼怪病。我內心納悶他有不錯的職業、頗高的收入、與家人的關係也很親密，表面看來，俊傑與情緒病理應扯不上關係。經過兩次的會談，再由他的成長經歷入手，他才願意吐出燃起其焦慮情緒的火頭。

小缺憾變成大傷口

眼前的俊傑，笑起來會露出一副整齊亮白的牙齒；原來，為了這副美麗的牙齒，他受了不少苦頭。事情要追溯到他中二的時候，課餘時他如常與同學打籃球，卻因一時滑腳摔倒，從此失去門牙，往後只以牙套代替。俊傑形容，戴牙套的日子，他內心很不踏實，心裏總是少了些甚麼似的，每當與人對話，總覺得對方已發現他的牙套，在心中不斷地恥笑自己。他因而變得更內向，更連學校舉辦的團體活動也拒絕參與，生怕留宿過夜會增加被人發現牙套的機會。直到大學三年級，他邊唸書邊兼職，終於攢夠錢進行植牙手術；他的心，因為重獲門牙，才變得踏實了點。

個案剖析	平庸的自己

我估計，俊傑的焦慮症，起源自失去的門牙，但既然問題已解決，何以仍會出現強迫症的徵狀？更因而出現失禁？與他的對談過程中，我發現他除了極度自卑外，更異常地欣賞其兄姐，甚至說得上是崇拜。俊傑是家中的么子，是個意料之外的孩子，哥哥與姐姐都比他年長十多年，姐姐年紀最大，在藝術界是個數一數二的知名人士，她獲獎無數，既有名亦有利；哥哥的發展也不下於姐姐，他畢業於本地知名的醫科學院，用了短短十多年的時

間，晉升成為醫院院長。站在哥哥姐姐的光芒下，俊傑顯得相形見絀，只是在紀律部隊擔任中層人員，既沒知名度，錢又掙得不夠多。他就是一直在「我甚麼也比不上他人」的自卑感下成長，再加以門牙事件，讓他非常在意他人的眼光，而且認為自己有千百樣缺點，進而擔心自己事做得不夠好，連身上的味道，都納入他的擔憂清單之列。

他的失禁，背面隱藏着對仕途的擔憂。當天的操練，是升職考核的一部分，俊傑認為，他每升高一個職級，與兄姐的距離就會拉近一點，他的自信心得以提升一點，焦慮的感覺好像會少一點。殊不知，突擊考核使他的焦慮感剎那間到達臨界點，最後以失禁的表象現於人前。

似有還無的父母

與俊傑見面數次後，發現父母在其成長的歷程中佔着似有還無的角色，照顧俊傑的重任一直落在姐姐身上，在父母的眼中，照顧俊傑並非難事，也不一定要把責任放到自己身上；反而是交到年長的子女手上，既培養他們的責任感，自己也落得輕鬆。俊傑的的成長路，似乎只有滿滿的手足情，卻缺少了父母的關懷。

己所不欲勿施於子女，己所不能勿求於子女。

既然是自己決定把俊傑帶到世上，就不應把照料的責任交託到他人的手上，縱然託付之人是自己的子女。如果父母在他的成長路上多關心他、多陪伴他，也許，他們會發現，俊傑很在意失去的門牙，也很在意兄姐們的表現，間接把自己迫到無限比較的死胡同裏。

俊傑當前要解決的，是意外創傷所造成的心理陰影。要達至最理想的效果，當然是事發後立即正視問題，找出對策。但事發至今已經超過二十年，這個負擔大大影響着他以後的成長經程、性格發展，以至待人接物。我着他嘗試列出每件使他倍感焦慮的事，再逐一解構。過程中，我不時邀請父母陪與他同行，重新為他們的角色定位，在旁適時提供協助，幫助他一步一步地重建自信心。

醫生小建議

小朋友的創傷並不輕易為父母所察覺，因為小朋友大多抱着保護父母的心態，不願讓父母受到傷害，即使經歷不快也三緘其口。若父母一直以「伴你同行」的相處模式與子女相處，反而可使小朋友學懂表達感受，即使並非遇上創傷，於面對成長過程中難以避免的難關時，亦可一同積極面對，避免彼此傷害。

Part 2

新生家庭
與原生家庭的
相互影響

原生家庭與新生家庭是個
既是相對又是相互的關係。

未婚前，子女的生活中心都以父母生活為主，子女依賴父母的同時，原生家庭對子女亦有着根深蒂固的影響；組織新家庭後，父母不願放手，事事干預批評，使原生家庭成為新生家庭發展的障礙物。新生家庭磨合時，子女不欲獨立，凡事徵求父母的意見，演變成相互羈絆，究竟原生家庭與新生家庭如何互相影響？

婚前恐懼症

電影情節中經常出現的婚前恐懼症,是否真有其症?是否人人也有機會患上此症?結婚幾乎是每個人人生的必經階段,明明是件令人興奮不已的人生喜事,為何會與恐懼、焦慮扯上關係?是我們的腦袋出現了問題?還是彼此的基礎不夠深,因而出現撕裂?

幸福的她

　　文諾是我的中學同學,彼此認識沒有二十年,也肯定超過十年。我們定期會在「中同」聚會中碰面,上次見面約在大半年前,當時她很興奮地告訴我,她剛接受了男朋友的求婚,預定一年後會舉行婚禮。

　　我猶記得她當時一臉幸福,向大家描述男友的求婚過程,男友用心的鋪排,神秘的驚喜,那幅如電影般的畫面,右手執鮮花、左手拿戒指,單膝跪下,情深的一句:「Will you marry me?」,不禁令我想起當年向老婆求婚的過程,難免被比下去,真的有點自愧不如。當時的文諾,看起來就像被幸福的光環包圍着,誰也沒辦法破壞她的幸福圈。

幸福破滅

　　可是，這天早上，我收到文諾的短訊，她的美好婚姻光環似乎出現裂痕。短訊的內容很簡短，開場首句就是「我的婚結不成，抱歉讓大家費心！」。作為相識多年的朋友，收到短訊後，第一時間就致電給她。鈴聲一直響，卻得不到主人的回應。我心中暗暗有感不妙，但礙於忙於公事，就先把文諾的事情暫放一旁。

　　收到她的回電，是凌晨三點，來電顯示是文諾的電話，但接聽後，杳無人聲，靜止了大概兩分鐘，才隱隱約約聽到她的抽泣聲。她一邊哭，一邊對我說：「我⋯⋯我⋯⋯我⋯⋯真的⋯⋯真的⋯⋯不想悔婚。我不明白，也搞不清楚⋯⋯」又是一陣子的沉默，「明明我是作主動的一方，為甚麼我的心總覺得失去了甚麼，整天失魂落魄，生活猶如行屍走肉。」

人生勝利組

　　文諾是個面面俱圓的女孩子，由中學年代開始，她已是學校數一數二的學霸，不單成績超然，連各項的運動都名列前茅。深得老師的喜愛之餘，更大受同學歡迎，只因她做事有責任感，從不失信於人，也非自顧自的，總是樂於助人。她順利升讀香港的最高學府，更以一級榮譽的銜頭畢業，順理成章地獲得國際知名機構聘請為行政主管，前途一片光明。與此同時，交往三年的男朋友向她求婚，她簡直就是眾人眼中的「人生勝利組」。

她滿心歡喜地為人生大事着手籌劃，很想把大大小小的事務都做到盡善盡美。但是，她似乎低估了過程的複雜性，上至禮服到新娘的頭上的飾物，下至婚前的傳統禮儀及婚禮當天的儀式，均為勞心費力的瑣事，最麻煩的是要兼顧兩家長輩的喜好，自己父母還可以有商有量，但未來的老爺奶奶，文諾不敢、也不想得失。偏偏未婚夫是個隨性的人，對婚禮沒甚麼要求，對瑣事意見亦不多，參與度甚低。只是，未婚夫間中因投親友所好，與文諾持相反意見，令她有感「左右做人難」。

喜事驟變煩事

　　就在文諾陷入煩擾不已的諸事之時，在偶然的機會下，她重遇前男友，她不禁向前男友大吐籌辦婚禮的苦水，又大談「做人新抱甚艱難」之經。前男友知道她為結婚煩惱不已，不僅主動幫忙處理婚事的細節，還不時從旁關懷呵護，更適時為文諾送上小禮物，逗得她滿心歡喜。

　　相較之下，未婚夫沒有前男友的熱情，文諾開始懷疑未婚夫對自己的愛，未婚夫每一個行動都令她不滿；每一個幫忙，都使她心煩。慢慢地，未婚夫做任何事情，說任何的說話，文諾都能「雞蛋裏挑骨頭」，在她眼中，都是愛她愛得不夠深的表現。

　　與此同時，她亦質疑自己是否有足夠準備來迎接婚姻生活。她開始出現失眠的情況，即使順利入睡，也會不斷發夢，夢境內容環繞婚前準備的情況，間中會出現婚禮當天諸事不順的情境，讓她從惡夢中驚醒。

　　我很了解文諾的性格，她是屬於謹慎小心型，平時做事也步步留神，莫說自己的人生大事，不單是謹慎，更應是盡善盡美、十全十美。她絲毫不假手於人，事事親力親為，要求極高，只有丁點兒不合心意，就會推翻一切，從頭再來。世界那有完美，愈是改，文諾愈是不滿意，總之，就是處處碰壁，百般不順。結果，文諾覺得結婚很煩，未婚夫不愛她，亦搞不清結婚的意義，逐主動向未婚夫提出分手。

　　只是，分手後，她感到更失落，不單受千夫所指，亦失去未婚夫的照顧，夜闌人靜時，想起過去的種種，難過得心像被撕裂成兩半似的，知道我對情緒病稍有認識，早前又曾聯絡過她，即使時值半夜，也撥了這通電話。

個案剖析	父母吵鬧導致焦慮

　　由於我與文諾相識了一段時間，對她的家庭背景有基本的掌握，知道其父母早在她高中時離異。再與她談多一點，才知道她自小夾於父母爭吵之間，父母的感情不太好，經常在家中無日無之地吵架，雞毛蒜皮的事，也會大吵一場，大吵一場後，又會冷戰數天，彼此不瞅不睬。文諾身在其中，從小就很害怕父母離婚，自己會成為被遺棄的人。家無寧日狀況持續至高中，才因父母離異而平靜下來。

文諾患上的並不是婚前恐懼症，結婚只是一個觸發點，讓她積存已久的緊張、害怕情緒釋放出來。年幼的文諾，最需要的是父母的關愛，偏偏他們自顧不暇，任由乖巧的她自我處理負面情緒，同時以她的小小腦袋來理解父母種種的行為，在她的概念中，凡事不可依賴別人，也只有力求完美，才能博得父母點點的關注。她成長經歷使其缺乏安全感，也造就了她追求臻至完美的性格。這種性格很容易讓情緒病乘虛而入，就像文諾，因廣泛性焦慮症而經常懷疑未婚夫，最後以分手作結。

不用壓抑

每個人都總有害怕的事情，不想面對的人或事，我們需要學習的，除了積極面對挑戰外，更可稍稍釋放自己的情緒。如果文諾小時候與朋友們談談心，向學校老師社工們發發牢騷，就不用獨自面對超出其年齡可承受的壓力。父母分開在現今世代已經甚為普遍，學校也有很多的方法協助有需要的學生。

事情永遠都不可一面倒，想不到悔婚反成為文諾病情的轉振點，她明白問題的癥結所在，嘗試以藥物控制焦慮感，加上無需籌備婚禮後，她的壓力得到紓緩，病情有明顯的改善；說不定，她很快就會再覓良緣，一踏婚禮的舞台。

**醫生
小建議**

婚姻從來都不只是浪漫，愛情之後，還有一連串具體
問題要解決。當步入婚姻時，男方女方都應負起一定
程度的責任。普遍觀念上，婚禮是由女方主導，但在
許多細節上，男方都可助一臂之力，例如協調雙方家
庭、聯絡事宜等，千萬別擺出一副事不關己的模樣，
互助互愛，了解彼此的不同，才是邁向完美婚姻致勝
之道。

能醫不自醫

疾病無分身份、無分富貧，不論你是平民百姓、抑或是財貫萬千，病痛不會因此而給予特殊的待遇。不論你是家財萬貫，還是才高八斗，病魔都不給面子；即使你長年累月與病魔正面交鋒，還是難以掌握病魔的走向，當它來襲時，仍然會殺個措手不及。

企圖自殺的醫生

幾天前，我接到令淇的來電，「Greg，你今天有空嗎？方便花你半小時，聊聊霈恩嗎？」他把音量壓得很低，用幾乎聽不到的聲音對我說。

霈恩是與我同屆畢業的醫科生，她的樣子算不上非常標緻，但卻予人份外親切的感覺，與她相處過後，更感受到她的平易近人、她的善良，讓她成為班內的「風頭躉」，引來不少狂風浪蝶。醫科畢業後，我們選修了不同的專科，雖然少了見面，但間中還是會通個電話，交換彼此的近況。大概七年前，她與令淇結婚，婚後有兩個分別3歲及6歲的小朋友，有時霈恩會帶着兩個孩子，到我家作客，與我家的公主王子一同嬉戲。

下午時分，我相約令淇到診所附近吃飯，他那種惴惴不安的氣息，從他步入餐廳的一刻，我已經強烈地感受

到。幾句寒暄後，他就切入正題，「我不知道應該怎麼做才好，霈恩她昨夜好像疑似自殺。」令淇小聲對我說。他好像生怕周遭的食客竊聽，左顧右盼，才繼續說：「我昨晚被兒子的哭鬧聲吵醒，本想看看孩子，途經露台，竟然看到霈恩危坐在欄杆邊緣，兩隻腳已懸掛在半空，只要稍為向前傾，就有墜落的可能。」令淇停頓了一下，吞一下口水，定一定神，才道：「我當下真的不知所措，大喊又怕把她嚇着，又不能不管，只好慢慢行近，觀察了幾分鐘，才攝手攝腳的走近欄杆，從後把她抱回來。」從令淇的語氣及表情，我感覺到他仍然驚魂未定，我安慰他幾句，很快把焦點轉回霈恩身上，我有點擔心她的現況，想請令淇盡快把霈恩帶到我跟前，他聽罷搖搖頭，嘆着氣地對我說：「沒辦法！」

霈恩現時是位腸胃科的醫生，作為專業人士，她早就發現自己情緒及行為有異，只是不想面對「能醫不自醫」這個關口；即使事情發展到此，她還是狠不下心，放下那被醫生光芒所包裝的華麗外殼，面對亦步亦趨的病魔。令淇也拿她沒辦法，我只好叮囑他多加注意霈恩的行動，請他一旦發現異樣，立即通知我。我也以朋友的身份，苦苦相勸她個多月，最後提議令淇以兒子疑似患上過度活躍症為藉口，有需要作出評估，才令霈恩心甘情願地來到我診所。

「我沒事！」

　　我請霈恩在候診室等候，然後在房內跟她兒子玩耍了二十分鐘，才再請霈恩入內，表面上是透過她為小朋友作評估，實質是關注她的病況。「子浩（霈恩的兒子）真的很活躍，想必你也為他花費不少心神！」霈恩聽後一口氣說出照顧孩子的感受，她坦言，數年前初為人母，照顧女兒讓她分身不暇，不得已下，她向醫院請半年的長假以作調適；她堅稱，負面情緒對其影響不大，她也成功過渡了最艱難時期，現在一切安好。我知道，再跟霈恩糾纏下去不會有結果，請她自行回去，我稍後時間再與之聯絡。

　　我相信霈恩的抑鬱狀況非一時三刻之事，容後再致電令淇，希望了解第一個孩子出生後，霈恩的所經所歷。令淇憶述，霈恩產後情緒變得很不穩定，初期對孩子的大小事務都緊張得要死，事事親力親為，不惜犧牲自己的休息時間來照顧孩子。剛開始時，令淇還大感安心，覺得把孩子交予到既有責任感，又有醫學知識的老婆手上，沒甚麼好擔心。直到某次無意間發現，霈恩躲在廚房偷泣，根據他多年外展社工的經驗，覺得事情不簡單，但礙於霈恩不願求醫，他也無可奈何。傾談過程中，我發現他對霈恩的了解，只局限於照顧孩子方面，她的社交圈子、工作環境以至家庭狀況，他知道的都不多。我猜他們的夫婦關係沒想像般融洽，再探問令淇的工作情況，他才隱晦地告訴我，他的工作確是比較忙，由於任職青少年外展社工，工作無定時，深夜突發性外出為家常事，他亦承認對子女照

顧不力，大部分的責任都落在霈恩身上。當發現她情緒不穩時，他不知如何處理，遂要求她請長假，藉口是休息，實質是怕自己照顧不了孩子，亦怕因而會影響到自己的工作表現。

不可告人的出軌

　　霈恩的腦袋雖被抑鬱情緒所佔領，但仍不失聰慧，她知道令淇緊張工作過於自己，而且把照料子女的責任通通推到自己身上。當我問她是否惱怒令淇時，她倏然大哭起來，然後告訴我一個埋藏已久的秘密。某夜，剛值完夜班的霈恩，拖着疲倦身軀回到家，兒子纏着她玩耍，女兒又不明所以地嚎哭，正當她為子女忙得焦頭爛額時，令淇卻在外為他的「仔仔囡囡」奔波，霈恩打了好幾次電話，他都沒有接聽。為了懲罰他，霈恩隔晚刻意打扮，到酒吧「尋歡」，隨便搭上一個陌生男子發生了一夜情。她非常後悔當時的衝動行為，覺得很對不起令淇，很想跟他坦白，卻又害怕成為破壞家庭的罪魁禍首。這種矛盾的掙扎，滲雜着內疚感、離經背道的背叛感以及日以繼夜照顧子女的壓力，終於釀成了企圖自殺的行為。

個案剖析	原來婚後要改變生活模式？

　　霈恩抑鬱症的爆發，令淇也難辭其疚。他把家庭的重擔都放在霈恩的身上，在發現問題時，不

但沒有致力解決問題，更把問題蓋掩起來，藉請假來緩解霈恩的負面情緒，卻從沒想過負面情緒的由來。如果他仔細想想，霈恩的抑鬱部分是來自照顧子女的壓力，他就不應要求霈恩請假，全職在家帶孩子，此舉只會把她推得更近病魔。再者，令淇對精神病的歧視態度，使本來已經諱疾忌醫的霈恩，對求助更加為之卻步。

快要結婚的情侶、剛結婚的新婚夫婦，請牢牢的記着：婚前婚後不可能沒差別！令淇滿以為婚姻只是個簡單的儀式，儀式過後，他就如常地繼續與霈恩濃情蜜意。縱然孩子出生，他依然故我，保持工作的拚搏，有沒有想過，他的另一半，霈恩同樣對婚前生活有所追求？她何嘗不想享受往昔沒有束縛的日子？如果你的另一半有如霈恩般，願意為家庭作出讓步，放棄一點私人時間、捨棄一點堅持，你不妨多欣賞她／他的犧牲，順其自然並非理所當然。試試往後退一步，多點包容、少點不滿、多點耐心、少點抱怨。我建議令淇暫時把工作時間遷調，盡量保持穩定的工時，多留點時間留在家，陪陪霈恩，也分擔她的育兒壓力。

溝通貴乎坦白

至於霈恩，我為她預想令淇知道出軌之事時，可能出現的反應，再鼓勵她說出事實。可幸的是，

他們的愛，沒有因一次小失誤而破裂，反倒是放下心頭大石的霈恩，在欣然服藥覆診的情況下，情緒極速好轉過來，並不時組織各樣的親子活動，享受天倫之樂。

霈恩亦很想藉自身的經歷告訴世人，專業人士不是聖人，他們會餓、會痛、亦會病。作為受過教育的專業人士，應當更能覺察自身的病患，要得到別人的接納，先要接受自己，放下自尊並非丟臉的事，如果自己也因歧視而不願面對及接納自己的情緒，就更難選擇合適的治療方法。霈恩現時在慈善機構擔任義工，向大家公開患病的心路經歷，希望透過自己的經歷，令更多人勇於面對病魔。

醫生小建議

每個患上疾病／精神病的人士通常很難接受患病的事實，身邊的伴侶可嘗試以同理者的心態來陪伴患者一共走過抗病之路，讓患者感覺到康復路上並非孤身上路，同時減輕歧視目光所帶來的壓力，使患者康復的進程更快更有效。

出軌

二人結為夫婦，分享的不只是愛情，還有對彼此的承諾、對雙方家庭的責任。婚後要共渡的，也不再局限於浪漫的愛情故事，要平分家頭細務、要計劃生兒育女……其中最重要的，想必非心靈交流莫屬，分擔各自的煩惱，分享生活上遇上的點滴，為彼此分憂打氣。如此親密的夫婦關係，一旦其中一方出現情緒問題，對方也不能置身事外。

纏繞的夢魘

　　俊惠從來沒有遇過這樣的一個狀況。他從綿綿的夢魘中扎醒，額頭佈滿冷汗，腦中一閃一閃地呈現出剛剛可怕的夢境片段，感覺很真實，卻又很不踏實。他趕緊離開早已變冷的被窩，拿起電話致電給我。

　　「老麥，我有事請教你，電話不好說，你甚麼時候方便見個面？」俊惠連招呼都沒打，劈頭就對我說。

　　稍後時間，約了俊傑在咖啡廳短聚，我才剛呷一口咖啡，他毫不介意地對我坦白：「我做錯事！現在不知如何『收科』，想必你對此見怪不怪，找你贈兩句就最合適不過了。」

完美的男人

俊惠是我工作上偶然認識的律師，我倆一見如故，每逢見面，總有說不完的話題，講不完的分享。雖然相識短短四年，感覺卻像認識了一輩子的朋友。俊惠堪稱是個完美的男人，人前公私分明、處事認真、能幹上進，深得公司器重。人後是個好丈夫、好爸爸，既痛錫太太，又愛護女兒，擁有羨煞旁人的美滿家庭。

俊惠女兒頗幸福，小學畢業後就被俊惠與小樺安排到英國留學，現時已是大學三年級生，最近決定繼續留守英國，攻讀碩士課程。小樺亦是位賢妻良母，擔心女兒年紀太小會適應不了國外生活，當年辭去工作，陪同女兒到英國生活，為她打點生活一切，俊惠就繼續留港賺錢養家，一家過了十多年的「太空人」生活。

太空人生活　婚外情萌芽

十年光陰，說長不長，說短非短。對於案牘勞形的俊惠來說，時間過得很快；但是，失去小樺的支持，回家後又沒有女兒溫暖的擁抱，他對其他人的關懷顯得分外留神。Annie 是俊惠同公司的員工，雖然已有家室，但她與丈夫的關係欠佳，彼此已沒有感情，不分開純粹是為了讓子女有個所謂完整的家。她知道俊惠與小樺分隔兩地，不時對俊惠表達關心之情，他生病或是失意時，Annie 都會主動噓寒問暖，甚至陪伴在旁，二人的感情因而慢慢升溫，漸漸發展成每天互通短訊，假日相約出外的曖昧關係。

日子愈久，俊惠愈發覺自己不能自拔，甚至有愛上 Annie 的強烈情感；但礙於二人皆是有家室之人，不敢作進一步發展，小樺又遠在英國，只要稍為掩飾一下，他倆婚外情還是可以埋在地下，不易察覺。

太太回流　一觸即發

　　半年前，小樺決定回流返港，自從知道太太即將回歸，俊惠隨即疏遠 Annie，怎料 Annie 深深不忿，發短訊威脅把事情鬧大，要在公司內聯網公告天下；若俊惠置之不理，她會找上家門，向小樺和盤托出他倆的關係。自此，俊惠就承受着焦慮情緒的來襲，他總是留意着 Annie 在公司的一舉一動，深怕她會洩露一絲一點不利的消息。回到家中，繃緊的情緒還不能放鬆下來，他感到家中的空氣散發着陣陣使人反省的氣息，對小樺不忠的內疚，對女兒不盡責的愧疚，還有拋棄 Annie 的歉意。他開始出現輾轉反側、難以入睡的徵狀，昨晚更夢見自己的婚外情「通天」，親朋戚友都指罵他負心、同事都對他冷眼相待、小樺與女兒更離他而去。他知道，自己能力範圍內不能解決此問題，找上了作為精神科醫生的我。

坦白出軌

俊惠的焦慮症，豈是贈兩句就能解決，我先分析他的焦慮程度，再邀請他與小樺一同前來診所作婚姻治療。席間，我向小樺說明俊惠確診患上焦慮症，至於病因，我請俊惠向小樺坦白婚外情一事，小樺聽後不發一言，明言需要時間消化此事，只要求俊惠承諾守口如瓶，不希望女兒因而受到影響。此後，俊惠的覆診都找不着小樺的蹤影，直到三個月後，小樺主動致電診所預約診症。

同受情緒困擾

自從事件曝光後，小樺對兩人的關係，感到無限的掙扎與矛盾。她一方面不能接受丈夫的不忠，心裏抱怨丈夫的無情；另一方面又責怪自己未盡妻子的責任，因為二人長期聚少離多，她未能妥善照顧丈夫，待在他身邊給予支持。為免影響丈夫的工作及人前人後幾近完美的名聲，她不敢向任何人透露此事，即使知心好友，都沒有吐露一絲一點，為了保護女兒，連最親密的媽媽，都不敢告之，這份鬱結只有自己默默承受，對人歡笑，背人垂淚令她每天都沉淪在反覆的痛苦之中。她甚至不斷懷疑俊惠會出軌，跟俊惠的生活變得很不真實，之前幸福的感覺漸漸變成了一層難以言喻的不安。

夫婦兩人已是一體的親密關係，情緒共享也是自然不過的事，俊惠的焦慮情緒，肯定會感染到太太，而小樺的抑鬱情緒，亦會影響到俊惠。臨床上可見，伴侶二人同時患上情緒病的情況極為普遍，不論是面對婚姻或是情緒問題，只要夫婦二人勇敢面對，透過口語和身體的溝通、傾聽、坦白，就能找出解決方法。他們先決要建立真誠溝通，清楚表達自己的感受及需求，說得明確具體，對方亦要及時給予回饋，適時澄清誤解，把有效的溝通變成恆常的習慣。

醫生小建議

當伴侶發現其中一方不忠，想中止婚外情，切忌拖泥帶水，因為拖拖拉拉只會使彼此的關係愈演愈劣，甚至令對方情緒承受重大壓力；當雙方因繃緊的關係而不能自控時，尋找專業人士作婚姻輔導不失為緩衝方案之一。不論伴侶對婚外情採取何種取態，處理時需格外謹慎，因為刺已在彼此的心裏萌芽，只要一不留神，很容易讓它長埋心中，讓彼此的關係走進死胡同。

援交

新生命就像是希望，總是讓人感到期待、總是為人帶來歡悅，甚至乎讓人不期然喝采。生兒育女，是完滿了整個家庭，更完滿了彼此的人生。但是，新生命的來臨，除了歡欣，也有可能令夫婦的關係愈走愈遠。

離婚皆因援交

　　小賢是與彥男一同來到我診所。還未進診症室前，姑娘們幫忙登記資料時，已隱隱感受到他倆之間的跋扈氣氛。小賢一面不屑，對彥男的態度嗤之以鼻。即使彥男以恭恭敬敬的態度向小賢發問，她都是不屑一顧地敷衍一、兩句。我聽過姑娘的描述後，心底裏有了個底子，應與伴侶關係輔導有關。

　　「他要是再重蹈覆轍，我絕對會跟他離婚！」這就是小賢對我說的第一句話。她不解釋，轉而把銳利的視線轉向彥男，彥男滿面尷尬，唯唯諾諾地對我說：「我老婆指的是援交，我的確光顧過援交網站幾次，希望找到提供性服務的對象。」不談色情，純以男士的角度出發，小賢絕對稱得上是美女，眼大鼻高，鵝蛋面形，身材當然不能與模特兒相比，但以 30 多歲的女士而言，算是保養得很勻稱。我心中暗付，娶了這麼的一個美女，又那來援交的念頭？

如魚得水的關係

　　彥男不諱言自己的性慾比一般人為強，青少年期，每星期自慰至少五次。投身社會工作後，由於工作不定時，自慰的次數減少至每星期三次。後來，他開始結交女朋友，隨之而來的性行為亦很頻密，曾有前女友投訴彥男性需要太大，有點應接不暇，最後更因而分手。直至結識了小賢，她與彥男不但心靈契合，連性生活的節奏，也配合得天衣無縫。拍拖兩年就很自然地步入教堂，至今已結婚三年多，關係仍然很親密，性生活如魚得水；小賢從沒投訴彥男的性需求，雙方均樂在其中，彥男也自言非常享受，召妓的念頭從沒出現過。

由點到即止到付諸行動

　　年多前，彥男出於好奇心而瀏覽援交網站，初期瀏覽的次數不多，也僅止於觀看，未作進一步行動。只是，近半年愈看愈有衝動，衝動到付費註冊為會員，在網上與援交女孩展開情慾對話。文字與想像漸漸滿足不了彥男對性極殷切的渴求，他掙扎了好幾天，終於決定私下約見援交女孩，在外風流了一個晚上。自此以後，他每月會定期與援交女孩約會一次，偶然會增至每兩星期一次。剛過去的週末，小賢發現了彥男與援交女孩的情慾短訊，始揭發他有定期召妓的習慣。

新生命帶來轉變

據我觀察，他們倆的關係轉捩點始於年多前，我問他們：「聽你們所言，你倆的婚姻生活甚為美滿，當中會否發生過極為不快、抑或是難以解決的事情？」他們都同聲否認。小賢反過來以欣喜的聲線告訴我：「我們結婚以後，最畢生難忘的事情，就是雙胞胎的誕生。」原來婚後兩年，小賢就懷上了雙胞胎，一年前就正式邁進四人家庭之列。

由於雙胞胎的緣故，小賢經常感到疲倦不堪，日漸龐大的肚子也把她的體力盡耗，日常家務都要假手於人，多走幾步都氣來氣喘，不得已下，連恆常繁密的性生活都愈減愈少。彥男體貼老婆，一直努力壓抑自己旺盛的性慾，把注意力轉到瀏覽援交網站之上。可是，自雙胞胎出生後，小賢就把所有的心力時間投放於他們身上，壓根兒沒心神與彥男進行親密行為。彥男好幾次因按捺不住而向小賢提出請求，他倆嘗試靜靜地重拾往昔樂趣，卻因雙胞胎的嚎哭聲而被迫中斷。往後的日子，儘管他倆盡力尋找機會，但大都以失敗結尾。

新婚與新生的反差

　　彥男漸漸失去了對小賢的興趣與衝動，每當
因有性需要而想起小賢，耳邊彷彿就響起雙胞胎的
哭鬧聲，然後就是偷偷摸摸的舉動，「到喉唔到肺」
的感覺，伴隨着莫名其妙的煩躁與焦慮。彥男自言
如斯不安的狀態下，所有性趣都一掃而空。他同時
出現間歇性的失眠及不明的焦慮，有時會焦慮得逃
離住所，衝到街上徒步一段時間才敢回家。

　　援交世界對於彥男而言，就像世外仙境，在仙
境中，他不但不用面對現實世界的煩惱，更能重拾
對生活的熱情，重新享受那使他懷念不已的魚水之
樂。他明知不可為而為知，全因他清楚知道，失去
援交世界的支撐，他會在現實世界中瞬即崩潰。彥
男患上的是適應障礙症，他只是一時不能接受雙胞
胎為生活帶來的反差，當初甜蜜的新婚生活，如今
變成滿腔的煩惱；當初歡愉的性愛，現在只剩下提
心吊膽。

坦誠相對、共同計劃

　　第一次為人父母，事事緊張、樣樣煩惱是很正
常的反應。除了為孩子的未來作好準備，我們也要
裝備好自己的身心來迎接新生命。千萬別抱着「船
到橋頭自然直」的心態，新成員加入，對伴侶的關
係會造成不少衝擊，亦為現有的生活的模式及習慣

帶來不少的改變。假若我們能及早調整自己的心態，往後面對巨大轉變時才能適時應對。

　　彥男與小賢首要做的是坦誠相對，讓對方知道彼此的心結與不滿，才能逐步逐步改善關係。彥男要在性愛與家庭中取平衡點，與小賢共同訂下時間表，兼顧家庭生活的同時，亦不忘享受夫妻生活。當焦慮情緒來襲時，找些其他事宜分散注意力，例如計算家庭開支，收拾嬰兒的衣物等。小賢也要放下對雙生兒的緊張，嘗試把照顧的工作交托予彥男，在育嬰過程中找尋樂趣。與此同時，要偶然製造兩人共處的時間，請家人代為照顧雙胞胎幾天，夫婦二人出走，再次回味兩人的浪漫時光。他們既要享受新生命帶來的喜悅，亦要為伴隨新生命而來的轉變而調節彼此的生活步伐。

醫生
小建議

性生活對夫妻的關係尤其重要，是使夫妻的關係進一步昇華的重要元素，亦是維繫彼此關係之關鍵。激情過後的夫妻，經常會出現性愛變成責任，只為滿足對方需要而為之，因而使婚姻關係出現矛盾。彼此保持正確的態度來面對性生活，關係才能繼續走下去。

亂到無性趣

結婚，相信是每個人引頸以待的人生大事，也是人生的新階段，不論任何年紀、何許宗教，只要談起婚姻，誰也會興奮不已，誰也會滿心期待、興奮將會面對的新婚生活，期待婚後幸福美滿的夫妻關係。誰不希望自己是童話故事中的主人翁？但誰又能保證，自己會像公主與王子從此過着幸福快樂的日子？

睡眠質素每況愈下

「我的睡眠質素真的很差，不僅睡得不熟，還屢屢半夜驚醒，一旦醒來，掙掙扎扎幾個小時，才能再度入睡，過去的兩個月，我每天真正的入睡時間，估計不超過兩小時。」這是卓衡就其睡眠質素之描述。他正值壯年，身體健康，即使熬過兩個月的嚴重睡眠不足，身體檢查仍是一切正常。就是因為狀態過於正常，找不到失眠的原因，他被轉介到我的診所。

可想而知，差劣的睡眠質素大大影響了卓衡的日常工作。他補充道：「再持續這種狀態，我快要捱不住了。早上精神不振、沒精打采，間中出現煩燥、不安等情緒。連與我共事多年的同事，最近都略有微言，詢問我因何情緒反覆無常。」卓衡愈不想承認情緒出現問題，脾氣就變得愈難捉摸。最終，他在老婆明詩堅持下來到我診所。

童話式的婚姻

明詩看起來與卓衡差不多年紀、剛結婚不夠一年，兩人相識於中學時期，畢業後失去聯絡，直至三年前、在朋友聚會上重遇明詩，他倆很快就墜入愛河，戀愛不到三個月就決定共諧連理。他們結婚時仍處於熱戀期，加上卓衡的家族經營凍肉生意，家境不錯，婚禮辦得有如童話故事般，艷麗奪目的婚紗、奢華的婚禮場地、使人咋舌的排場，豈止溫馨浪漫，簡單是籌辦得有聲有色。

卓衡對婚姻生活充滿期待，由小到大，媽媽都把家中打理得井井有條，家裏不單一塵不染，就連他把東西亂放亂掉，媽媽總能短時間內把物件收拾得整整齊齊。不僅如此，媽媽還「煮得一手好餸」，她的廚藝已可與米芝蓮大廚媲美。卓衡想像中的婚姻生活，就是娶一個如媽媽般「出得廚房、入得廳堂」的老婆，過着幸福的家庭生活。

原來妳不是公主

只是，卓衡很快就發現，明詩不夠資格當他童話故事中的公主，明詩與媽媽簡直是南轅北轍，她不愛乾淨，家中總是凌亂不堪，不要說替卓衡收拾，明詩連自己的東西也是隨便亂放。每天放工回家，一打開家門，看到的不是遍地杯盤狼籍，就是塵埃滿佈的地板。卓衡的心情，就隨凌亂的家居跌至谷底，又煩躁又不安。明詩又不諳燒菜，總愛在外吃，即食麵已經是她最拿手的料理。

婚後的幾個月，卓衡提出接受不了當前家中混亂的

狀況，要求明詩每天至少收拾一次。明詩的性格也帶點火爆，聽到卓衡諸多要求，甚是不滿，一輪對罵後，她也點出了他的痛處——性生活不協調。原來他們倆僅在結婚的首個月維持正常的性生活，其後卓衡都以各種藉口推搪明詩，不是太倦、就是沒心情。明詩因而對他暗暗不滿，礙於尷尬，她只好噤口不言，內心早已耿耿於懷。

個案剖析 ｜ 整潔才有性趣

　　會談後得知，卓衡對性的興趣，建基於整潔的生活環境之上。即使他放工時抱着滿懷期待的心情，回家後看到凌亂不堪的家居，他腦海中不期然浮出：為何會這麼亂？明詩真的很懶！明詩這麼早回到家，怎麼不收拾一下？雀躍的心情瞬間跌至谷底，一切的「性趣」都消失殆盡。他明白這件事遲早會造成夫妻之間縫隙，但又苦無對策，不得已在諮詢過程中詢問我意見。

　　卓衡的病情並不嚴重，他只是患上「適應障礙症」。他因為婚後的生活環境變化而引起壓力，在適應上遇上障礙，誘發其負面情緒，出現焦慮與抑鬱的表徵，包括失眠、脾氣暴躁等症狀。相對於抑鬱症及焦慮症，適應障礙症算是比較輕微，在誘因解決後，他自能在數月內痊癒。

溝通可緩解壓力

　　接着，我們來解決卓衡的誘因，除了明詩外，他的原生家庭也能幫上一把。婚後，他接手了父母的家族生意，方發現近年生意有虧損的危機，父母只是掩飾成沒甚麼大不了，更為卓衡的婚禮大灑金錢，令他對父母扭轉劣勢的寄託壓力更大。加上明詩的不諳家務，家裏成為其情緒的發洩口，只要稍有看不順眼的事情，不滿及焦慮的情緒就立時湧現。為人父母，不要總是以為自己的孩子永遠都長不大，當遇上難題時，就認為只有作為大人的自己才能解決，不妨多與子女商量。以卓衡為例，假若父母坦白資金周轉出現困難，卓衡的婚禮亦不必要「打腫臉充胖子」，他婚後接掌生意的壓力也會減少許多。

調整彼此的期望

　　而他與明詩，其實各自都需要調整對婚姻的期望。卓衡要改變對婚後生活的憧憬，明詩是個獨立的個體，不能事事將之與媽媽相比，更不應要求明詩變成另一個卓衡媽媽。再者，做家事並不單單是明詩的責任，家庭本來就是他們倆共同擁有的；所以不管是感情、還是家事方面，都應該要共同去維繫。卓衡一味把責任推卸予明詩，並不是解決問題的方法，挑剔她的行為亦非意味着壓力得到紓緩，反而會使彼此親密的關係變得繃緊。明詩亦需體諒

卓衡，他一直在潔淨整齊的環境下成長，縱然不擅長做家事，為了彼此的和諧，不妨稍稍學習，視之為人生另一階段所需的小責任。

婚姻生活的磨合源於對雙方的了解，了解始於溝通。婚前輔導不失為提升彼此溝通的渠道，透過輔導，讓大家對彼此的期望有共識；同時預期婚後可能面對的問題，包括雙方家庭的期望、生兒育女的計劃、財政的規劃，以至性生活的習慣等等。要在現實生活中擁有公主與王子般的童話式婚姻，絕對是一門藝術；溝通技巧、適應技巧、聆聽技巧、說話技巧等，缺一不可。婚前輔導正好為學習上述各種的技巧提供一個絕佳的開端，計劃結婚的恩愛情侶，婚前輔導可算是必修課。

醫生小建議

即使共諧連理，也不一定永遠能琴瑟和諧，忍讓包容，往往會成為以後埋怨對方的藉口。兩夫婦相處，不但需要了解雙方的成長背景而導致的種種行為，還需要多嘗試說出自己的感受，讓對方清楚明白。用心溝通非難事，多點放下「我」、多點顧及「他／她」，化解誤會非難事。

填補人生的工具

家中有小孩子的你們，你們覺得，小孩是人生中的亮點嗎？孩子們天真又爛漫，想必為你們平淡的生活添上不少樂趣。抑或是，你家的孩子很難侍候，脾氣大又愛哭，每天都令你抓狂，他們簡直就是你的「天敵」？不論是那一種，孩子鐵定是你們收過最好的禮物；只是，原來孩子也可是一個工具，是個填補自己人生缺憾的工具。

解不開的繭

「我覺得腦袋裏結了繭，總是想不通、弄不明，朋友說，或許你能幫我，我就來碰碰運氣。」心語眉頭緊皺，滿面愁苦的神色。

她續說：「我感覺到自己很負面，對任何事都提不起勁，總認為做甚麼事都不會成功。如果我是單身，那倒是沒關係，但我有個只有三個月大的嬰兒，我知道有責任照顧他，但我腦中好像有個聲音着我疏遠他，每當我想靠近兒子時，就會浮出：別管他！別理他！他不是你想要的那位！我想我是病入膏肓了。」

由於心語剛生孩子不久，患上產後抑鬱症的可能性很大，我問了她一大堆的評估問題後，確診為抑鬱症。處方藥物當然是免不了，但我仍很在意她的結繭之論，繭可不是一朝一夕可成形的，嬰兒出生才短短幾個月，不太可能

成為心語的繭，她肯定有難言之隱。

　　翌日回到診所，我致電心語，主動問她會否考慮單獨前來與我會談。她立即答應，並希望能安排即日會診。心語甫坐下，就坦白地對我說沒依時服藥，她不是不信相藥物，只是認為問題好像沒解決過，想今天再與我見面後才服藥。

無端被冷落

　　心語明言有個極不快的童年，她對 5 歲前的記憶沒多大印象，只依稀記得她總是自己待在屋內的一角，玩着不同的玩具。她記得遊樂場是她最快樂的時光，因為媽媽會準備一大堆心語最愛的食物，與她一起到遊樂場結識同樣天真無邪的小孩子。妹妹就在她剛滿 5 歲時出生，她的出生，就像把心語慢慢地推向孤獨之路。妹妹是家中免死金牌的得主，以往被媽媽視為頑皮而一律不被批准的行為，在妹妹的身上並不適用，只要妹妹高興，媽媽多辛苦多艱難也會滿足她。心語猶記得，每次妹妹犯錯，媽媽都會追究自己，一時罵她照顧不力，一時責備她不遷就年紀小小的妹妹。媽媽寵愛妹妹的程度，有如視妹妹為易碎的雞蛋，要無時無刻捧在手心，細心呵護，悉心照料；任何的責備與吵鬧，都會破壞妹妹美滿的成長環境。心語至今仍耿耿於懷，覺得自己是家庭中，僅擔當着代罪羔羊的角色。

生仔祈討好媽媽

　　心語年少時認為是自己不夠努力，做得不夠好，才會有差天共地的待遇；於是她不斷地討好媽媽，讀書時期名列前茅，又積極參與校內事務，備受老師的讚賞，放學回家後，主動打理家中大小事務，日積月累的鍛煉下，既燒的一手好菜，又把家中打理得井井有條。只是，媽媽並沒因而欣賞她，眼裏心裏仍舊只看着妹妹，心語的努力，她一點都感受不到。心語因成績優異而入讀護士學系，畢業後順利進入醫管局，更因而認識現時的丈夫。拍拖三年，順理成章地步入人生下一階段。心語在同輩中算是早婚，她自言很渴望建立自己的家庭，想擺脫長久以來作為透明人的身份，她很想告訴媽媽，自己並非可有可無的人。

　　反觀妹妹，不知是家人對她溺愛過度，還是本性如此，她換男朋友的速度快如即食麵，每次均是因男友對她失去耐性而提出分手，男友對她的評價非常一致 —— 公主。妹妹車如輪轉的男女關係令心語對自己的婚姻甚為自豪，不但婚姻美滿，更很快當上媽媽；她的人生，終於在愛情路上戰勝了妹妹。孩子出生後，她巴不得第一時間告之媽媽，家族多了個健康又可愛的男孫；怎料媽媽只冷冷地回應：「生了個兒子又如何？你好好看着辦吧！千萬別把外孫養成跟你一樣的討人厭。」那一刻，心語恍惚聽到瞬間心碎的聲音，碎片旋即落滿地。她怎樣想都想不明，她是犯了甚麼樣的過錯，才令媽媽如此討厭她？她有甚麼比不上妹妹，為甚麼媽媽只愛妹妹不愛自己？

媽媽為她結的繭

　　她的繭，不是結在腦裏，而是結在心裏。她一直生活在妹妹的陰影之下，媽媽的偏心，成為了心語成長路上的絆腳石；她總覺得比不上妹妹，無論如何努力，仍達不了媽媽心目中那個未知的標準，因而事事缺乏信心，對每事每物的看法都很負面。每當她稍為向前踏了一步，媽媽的否定，又把她徐徐上升的自信心強壓下去，週而復始地經歷了幾十載，抑鬱的情感早在心語心底滋生。

　　心語不諱言，她選擇於事業衝刺期生下兒子，是希望告訴媽媽，她比妹妹出色，至少在婚姻及生育方面，她有值得讚揚的地方。她期望能藉着兒子得到媽媽的肯定，當她滿心期待地抱着兒子見媽媽時，只為了聽到媽媽一句讚揚；結果，換來的是全盤的否定和唾棄。其實，只要媽媽當時語氣溫和一點，哪怕是一句簡單的安慰説話，心語的繭，就會露出缺口，讓身邊的溫暖之光得以照進來。

　　兒子的「失效」，使心語的病情急速惡化，她明明很愛兒子，但想到連外孫都對媽媽發揮不了作用，不期然後悔生仔這個決定，她徘徊於掙扎與懊悔拉扯之間，最終因敵不過負能量而找我求助。

兒子並非工具　學習放下執着

　　我必須要矯正心語錯誤的觀念，孩子應當是

她與老公幸福的結晶品，他們應當用愛心栽培他成長，以耐心灌溉他的路。心語不應以兒子來填補自己的人生缺憾，更不應視兒子為討好媽媽的工具。媽媽為她成長路上帶來的缺口，必須由她與媽媽一同面對，並不是生個孩子就能解決她們之間的繭。

只是，心語的媽媽至今仍然拒絕與我直接對話，由心語的轉述得知，媽媽顯然不覺得問題源於自己，更接受不了心語罹患精神病。但是，經我多番輔導後，心語學會好好珍惜自己，在平穩的情緒中重新尋回自己的價值，她漸漸明白到，對於某些不可能的人事物過於執着，只會使自己活在痛苦渦輪之中，倒不如放下執着，好好享受丈夫的愛與兒子的美。

醫生小建議

身處不幸的人，即使清楚知道問題源自家人或身邊人，但仍很難令接受事實，一味祈求改變身邊人及事，愈想求變，愈會作繭自縛，使自己陷入無限循環之中，苦纏於一些難以改變的事實，只會令情緒得不到紓緩。改變自己、接受現實，以不同的心態看待恆之以常的生活，才是讓自己走向幸福路的不二之法。

站出來吧！新手爸爸

候診室外傳來陣陣的嬰兒哭聲，即使我的診症室與候診室有一段距離，那讓人感覺痛心不已的嬰兒哭聲仍清晰入耳，哭聲淒厲非常，像要告訴你，我很可憐，如果你再不處理，我只好再狠狠地哭，直到把我的肺哭出來。我心中暗忖，帶同嬰兒前來的人，想必也如嬰兒般，情緒快要到達臨界點。

產後無故情緒低落

一如我所猜測，甫入診症室的善如一臉愁容，雙眉緊鎖，兩條眉毛擰在一起似的，心事重重。還好善如老公手中的嬰兒因哭得太累而睡着了，我們才能爭取時間傾談。

善如告訴我，最近她心情非常低落，動不動就哭泣，即使沒發生任何不快的事情，她也會不期然覺得悲慟不已，躲在洗手間放聲大哭。有時，她靜靜地看着安睡在嬰兒床的孩兒，也會沒頭沒腦的冒一大堆可怕的想法，比如是怎麼自己這樣差勁、怎麼自己沒能力照顧孩子、孩子往後的生活鐵定會過得很辛苦……最教她吃驚的是，她有次如常的呆望着嬰兒，腦海中竟然浮起「自己這麼的不濟，不如現在早點解決，抱着孩子一起跳下去，所有事情都一了百了。」還好，當刻尚存絲絲理智，沒有選擇往下跳，事後與摯友傾談，在朋友的建議下，來到我診所求助。

藥物背後的真相

一番的對答後，我得知善如的負面情緒是由產後才出現，而且都是圍繞對嬰兒的擔心與憂慮，確診她是患上了產後抑鬱症。由於善如堅持母乳餵哺，藥物的選擇沒有很多，我只處方了少量的情緒藥物，暫時把她負面的想法壓下去。只是，善如的病情並沒因藥物而得到大幅度的改善。我隱隱感覺到她有說不出口的苦衷，到第三次會面時，我請她下次挑個老公上班的日子，單獨前來覆診。

終於，善如在沒有顧忌的情況下，向我吐出了心底的煩惱。原來她跟老公是在沒計劃下倉卒結婚，由決定結婚到舉行婚禮，只花了短短四個月的時間，全因善如懷上了肚中小王子。他們本來也計劃兩年後結婚組織家庭，既然意外懷孕，他倆就順其自然，提早組織家庭。老公的經濟能力也不錯，幾年前就買了房子。婚後，善如自然搬到新房子，準備迎接快要來臨的新生命。

善如一直以為，只要不與奶奶同住，婆媳問題就不存在。沒想到，婆媳糾紛還是會找上門來。老公是家中么子，上有兩個姊姊及一個哥哥，他出生時家族生意正走向下坡，奶奶既要持家，又要外出工作幫補家計，因而訓練出強悍的性格。不論在外在內，都充當「話事人」，小至購物瑣事，大致婚姻大事，奶奶都要大權在握。善如在籌辦婚禮的過程中，已對奶奶的的「招數」略有掌握，她滿以為，即使孩子出生後，她都能游刃有餘地應付奶奶。

誰是話事人？

　　想不到，奶奶有如剛出生的嬰兒，一切並非如預期。奶奶有養育四個孩子的豐富經驗，對照顧新生兒有自有一套理論，但偏偏善如任職產房助護，對照料嬰孩自有一套見解。雙方很多時會在照料嬰孩細節上出現分歧，如嬰兒大哭大叫，奶奶會急不及待地抱在懷中，又唱又冰地安撫他；此舉與善如所學的育兒技巧大相逕庭，她認為，這是個縱容孩子吵鬧的不智之舉。

　　善如最初勉強自己接受奶奶的育養方法，但隨着小王子愈長愈大，她對奶奶的不滿愈積愈多。再者，奶奶實在太喜歡小王子，每天一大早就來善如家看孩子，一直待到晚餐後才離去，把照顧小王子的大小事事務都一手包辦，善如除了餵奶外，根本沒時間與孩子相處。奶奶又習慣性地把自己的生活習慣放諸善如身上，東西放甚麼位置、桌子抹擦的方向，通通都要依奶奶的習性而行。她漸漸感到自己不是孩子的媽媽，而是家中的傭人，她不想美好的坐月子時間繼續充斥不快的回憶，遂要求老公幫忙勸退奶奶。

孤獨無助的新手媽媽

　　作為么子的老公，早已習慣走在媽媽鋪好的路上。他對媽媽的決定、媽媽的安排，從來沒有異議。面對善如的投訴及求助，他壓根兒不懂得如何處理，一味靜靜的聽，默不作聲，卻不知應如何與媽媽協調。看在善如的眼裏，老公「左耳入、右耳出」的態度，像是把自己從家中孤立出來，迫自己站在無人島上大叫大嚷，他卻袖手旁觀。他那些情緒低落、無故哭泣的症狀，就在此時逐少逐少地顯現出來。

　　一日解決不了善如的困局，再多的藥物也對她起不了很大的作用。我再次邀請善如的老公同行，嘗試了解她對於善如病況的掌握，以及其對媽媽的態度。傾談過後，得知老公很清楚媽媽剛烈的性格，認為即使自己插手照料嬰孩的事宜，也起不了甚麼作用，甚至可能為雙方的衝突加溫，所以選擇了沉默作為應對的方法。

多走一步，扭轉心態

　　我為他剖析善如內心狀態，一副愛莫能助的姿態，只會對於她的病情帶來負面的影響，反對他繼續奉行「鴕鳥政策」。誰規定必須「使命必達」才行動？成功與否並非行動的重點，重要的是，讓

善如不再感到孤軍作戰，讓她感受到老公對自己、對孩子真誠的愛。即使改變不了當前的局面，她還有可以依靠、可以傾訴、可以吐苦水的對象。至於奶奶方面，絕非單憑我一人之力可解決，她由來已久的觀念，亦非一時三刻可轉變。我只能勸喻他倆盡力做好自己，盡量在免傷和氣的情況下表達自己的想法，相信日子有功，奶奶也會感受到他倆的心意，尊重他們對生活的選擇。當然，我也不介意與奶奶來個真誠交流，鼓勵他們找個機會，讓我與奶奶直接碰面，説不定能為他們的關係帶來點點緩衝。

醫生 小建議

婆媳關係，應是這世上最難解的關係，作為老公，當遇上老婆與媽媽有爭執時，不要只着眼於解決具體的問題，因為要同時滿足雙方的要求，比登天更難。老公要做的，其實很簡單，只需主動站出來，不要老是躲在雙方背後不動聲色，支持老婆的決定，認同她受委屈的感受。很多時候，你的另一半只是希望從對方的身上得到支持，並非要他解決當前的問題。

只怪我太美

我細心觀察眼前的美男子，真的不得不慨嘆，世人竟有如斯俊氣迫人的面孔。濃眉大眼、面如冠玉、目如朗星，誰從子華身邊經過，總會忍不住放慢腳步，藉故爭取多一點的時間，好好欣賞他那讓人眼睛捨不得離開的臉容。

整出個潘安

雖然我並非整形外科專科醫生，但總算是接受過幾年的醫學訓練，從子華的臉上，不難發現他動過大大小小的整容手術。他如今這個如潘安再世的樣子，想必也是忍受過不少痛苦才得來的。

我對子華的狀況有點好奇，遂先與其父母傾談。「子華本來也長得不錯，雖說不上是玉樹臨風之容，但絕對是溫文爾雅。一定是那個嘉嘉，自從我兒子跟她結婚後，性格就開始轉變了，以前總是笑臉迎人，現在不是愁眉、就是苦臉。他以前很孝順我，現在……」媽媽滔滔不絕地把對子華及嘉嘉的不滿道出。爸爸在旁補充了幾句，同時指出他們此行之目的──治好子華沉溺整容的毛病。

原來，自年多前，子華開始很注意自己的儀容，每天出門前一定要照鏡，而且一照就個多小時，還不斷問家人對他樣子的看法。「我的鼻子會不會太大？」、「眼眉修成

這樣好不好看？」、「額頭位好像可以飽滿點！」諸如此類的說話，每天都會聽到一、兩次。家人最初覺得沒甚麼大不了，子華從小到大都對自己的樣子帶點不滿，家人都習慣了他對外表的追求。老婆嘉嘉因工作需要，每天都要打扮得光鮮亮麗才出門，對子華化妝上班的舉動，也甚為支持，認為即使他工作不需與人互動，對個人的儀容有點要求，也不是件壞事。

整形致負債纍纍

只是，子華漸漸不能滿足於化妝後的效果，他想追求更高層次的俊美，於是在朋友的介紹下進行微整形，嘉嘉雖然覺得他稍稍有點過火，但礙於對生活影響不大，逐不以為意，任由子華不定期接受微整形。直至三個月前，嘉嘉發現信箱接連收到銀行的追款通知，與家人幾番追問下，子華才吐出自己因整容手術而入不敷出，又不想家人得知其經濟困難，只好向幾間銀行貸款。子華既不是出生大富大貴之家，亦不是「打工皇帝」，一個接一個的整形手術，單靠他每月穩定的工資，根本不能同時應付大額的整形費用及日常生活開銷，結果只好不斷向銀行貸款。

由生育的爭持到婆媳衝突

容後再與子華詳談，他說出事情的另一面。準備結婚之時，他得到父母同意，婚後同住幾年，等他與嘉嘉儲備足夠的首期後，就會遷出自住。初期問題不太，偶然因婆

媳意見不合而大吵一場，嘉嘉也是個明事理的老婆，知道長輩為重，又寄人籬下，凡事宜忍讓，同住的首個年度，總算平安過渡。踏入第二個年頭，逐漸浮現出一個爭持不下的問題——生孩子。

子華母親求孫心切，眼看一年已過，嘉嘉仍一無所出，心中焦急不已，卻又不好意思當面詢問媳婦，子華就成了其中間人。母親三五不時就問子華，「為甚麼你們還不生孩子？」、「嘉嘉還未懷孕，她是否要找醫生檢查一下？」子華不是不了解母親的着急，只是他與嘉嘉早有協議，待他們置業後才會計劃生育，家中的空間實在容不下多一位新成員。子華的笑容，就在此時開始無聲無息地漸漸消失。

隨着時間的消逝，母親對嘉嘉的不滿不斷地升溫，由生孩子的問題、擴展到生活模式、飲食習慣等，事事挑挑剔剔，雞蛋裏挑骨頭；面對存心找碴的婆婆，再好脾氣的媳婦也忍無可忍；結果，子華每天都在婆媳大戰中充當調停者的角色。

個案剖析 切膚之痛換來的和平共處

子華坦白地告訴我，他鏡照這麼久，是想把自己關在洗手間時間拖長，逃避作中間調停人的角色，盼望客廳吵得火紅火綠的母親與老婆，會因時間太長而停止對罵。由於他整容的程度與畸形恐懼症（Dysmorphophobia）患者有點相似，我環繞整

形與情緒間，問了子華一大堆的問題，結果證實了整容不但是他情緒宣洩口，更是個有效中止「戰爭」的方法。整容就像是上天賜予給子華的機會，他進行整形手術後，手腳被繃帶包紮的狀態、或是臉上添加了幾道刀痕的樣子，總能讓老婆與母親暫時停戰，齊心照顧自己，他真的很享受她倆共同合作的場面，才會忍下那一刀一刀的切膚之痛。

　　此外，他看着鏡中的自己因整容而改變，就有煥然一新的感覺。看着新的面容、新的自己，連自信心都好像不知不覺重新回到體內，子華覺得，只有通過整形，他才得以滿載信心地肩負起中間人的重任。

走出框框 嘗試磨合

　　子華選擇了不太尋常的方法來平衡壓力，要解決他的對整形的沉溺，應先由他自身出發。婚姻從來不是兩個人的結合，是兩個來自不同背景、對每事都有不同看法的家庭之磨合。作為其中一個家庭成員，不一定要解決各自的問題，反而應踏出溝通的第一步，才能逐步逐步地走向磨合之途。子華在數次的見面與鼓勵下，才走出「解決者」的框框，向雙方透露整形的最終目的，母親聽到他因自己不理智的挑釁而承受非必要的傷痛，即使仍改不了對

生孩子的堅持，但態度明顯溫和多了；老婆嘉嘉雖然很惱怒子華把他倆辛辛苦苦儲下的首期花光，但一想到他夾在自己與婆婆中間，「兩邊不是人」的無奈，更因而患上焦慮症，她的怒氣就消失得無影無蹤，甚至開始考慮未置房、先懷孕。子華的問題，從來並非源自他對外形的追求，反倒是來自他對和諧的家庭生活的渴望。

醫生小建議

在婆媳衝突上，男士很多時會想盡辦法避免捲入鬥爭的漩渦。只是，逃避不是解決問題的方法，因相愛而共結連理，當對方遇上壓力時，縱然壓力源自自己的媽媽，也應有既定的立場，以示對伴侶的支持。同時，新家庭與原生家庭應訂下界線，讓媽媽與伴侶都清晰知道對方「地雷」所在地，相處時盡量遷就對方，可避則避。

小孩歸誰？（上）

離婚，對於一對曾深愛彼此的夫妻而言，相信是很難又很不願面對的事。離婚除了對雙方都造成不同程度的傷害外，還會為孩子帶來或多或少的影響，假若因而鬧上法庭，對孩子的影響更為深遠。假若我告訴你，有千萬個方法，可以避免在雙方的關係發展到不可收拾的地步，你們會放下身段，放手一試嗎？

代診客人

迎面而來的是個似曾相識的面孔，我啟動腦海的搜尋器，希望找到點點線索。「幾年不見了，麥醫生，你還好嗎？」一進門，眼前這位過半百的婦人就客套地就問候我。聽罷，老舊的搜尋器終於啟動，她是數年前代診的客人，我對她仍殘留點點印象，是因為患者是她的兒媳，有別於慣常的代診者，為伴侶、為子女、為父母代診。

當時一平對媳婦愛乾淨的程度甚為擔心，尤其是媳婦剛懷孕，她擔心媳婦患上嚴重的精神病，會影響快將出生的孫兒，經朋友介紹來找我諮詢。會面以老掉牙的勸說作結，我懷疑媳婦患上強迫症，請一平盡力勸誘媳婦求助專業人士。事隔幾年，無情的歲月對一平一點都不客氣，她的臉上多了不少亦深亦淺的皺紋，看來兒媳的病情，沒改善之餘，更走向下坡。

「麥醫生，這次找你，是想為我兒子寫份報告作呈交法庭之用。」一平說。「鬧上法庭，想必已是不可收拾」我心暗忖。於是，我請她為我詳細說明事情的來龍去脈。一切要由四年前的爭執說起，一如前述，媳婦麗媚疑似患有嚴重的強迫症，剛結婚時，一平不時組織家庭聚會，她發現麗媚老是在抹東西，這分鐘在抹碗筷，下分鐘在抹桌面，即使與之攀談，麗媚的手就是停不了清潔的動作；她曾因而與麗媚發生多番爭執，一方面感到不被尊重，另一方面受着親戚們閒言閒語的壓力。

潔癖演變成虐待

孫子出生以後，一平掛孫心切，縱然與兒子居所相距甚遠，往返時間長達兩句鐘，她都不辭勞苦地隔天拜訪。她告訴我，兒子的家，乾淨得使人噁心。未踏入家門，先要在門外用消毒液噴全身，踏進屋內，全屋彷彿被刺眼的酒精覆蓋着，讓一平不禁流下淚水，多走幾步到兒子的睡房，房內異常的整齊，沒有一絲多餘的雜物，只有陣陣嗆鼻的消毒藥水味。一平坦言，過量的清潔劑令她每次出入兒子家都感到頭暈嘔心，只是麗媚堅稱是為了防止兒子被外間的「細菌」感染，要打造「清新」家居。

一平知道有改變的需要，但礙於屢勸不果，初生的孫兒也很依賴媽媽的照料，遂把問題一拖再拖。轉眼間，孫兒快滿 3 歲，一次偶然的機會，一平單獨與孫兒相處了整天，她發現孫兒對洗手間很抗拒，明明憋尿憋得臉又紅

又燙，仍只會撒在尿片之上，用盡方法也誘騙不了孫兒踏進洗手間。最令一平在意的是，她替孫兒換尿布時，驚覺他大腿內側及腰部滿佈大小深淺不一的傷痕。一平當時怕嚇怕孫兒，立即致電身處中國內地的兒子，質問他是否對孫兒施虐。

兒子俊秀聽後甚是訝異，明言身為中港司機的自己，待在家中的時間少之有少，疼兒子都來不及，那來時間打兒子。經過一輪明查暗訪，一平確定孫兒身上的傷痕源於麗媚的潔癖。自孫兒出生以來，他從未踏足洗手間；因為麗媚長久以來的灌輸，洗手間是髒亂不堪的地方，成年人因為有一定的抵抗力，方可出入洗手間而無礙。孩子年紀小，抵抗力弱，一旦進入洗手間，就會百病纏身，再也不能如常嬉戲。

孫兒畢竟還小，有時貪玩闖進洗手間，換來的就是麗媚的打罵，麗媚骯髒的版圖還不斷擴展，連家中的地面都納入被禁的版圖之內。只要孫兒雙腳踏上地板，麗媚就會狠狠的打下去。為免被幼稚園發現，被打的部位只集中於大腿內側及腰間這些能被衣服蓋掩的部位。孫兒就像是一平心頭的一塊肉，他被罵被打，一平心痛到不行；孫兒連上洗手間如此基本的生理需要都被剝奪，她實在氣憤填胸。於是力勸俊秀與麗媚離婚，更明言孫子絕不可交付麗媚照顧。麗媚是位職業治療師，職業較俊秀穩定，自問能為兒子提供較佳的經濟環境，而且她非常疼錫兒子，離婚沒問題，只是她絕不會放棄兒子的撫養權。

拖拉了差不多一年，俊秀與麗媚已簽紙離婚，現為兒

子撫養權一事鬧上法庭。基於一平幾年前向我諮詢過麗媚的病情，她希望我能撰寫報告，以增加官司的勝算。

個案剖析　婚前欠了解

　　在一平的個案裏，我們要關注的，並不是孩子的撫養權歸誰，而是俊秀與麗媚對婚姻的態度，明顯地，雙方都沒有清楚了解彼此的家庭背景，就毅然決定結婚。麗媚的潔癖，肯定不是婚後才出現，但一平婚後方發現她的潔癖已到達嚴重影響日常生活的地步，我不禁質疑，他倆婚前是否有恆常的見面？有否溝通？麗媚強迫症的病情不輕，即使多粗心，只要見面幾次，應該不難察覺到。俊秀亦然，如果他對麗媚的家庭有多點了解，一定知道她家中長期處於高度消毒又一塵不染的狀態。

　　婚前沒了解彼此，婚後亦見不得為彼此的關係努力過。一平主導了俊秀與麗媚的婚姻關係，不論是婚後的生活、兒子的教養以至夫妻的關係，一平都一手掌控。俊秀以長工時來掩飾照顧不力，他理應是最早發現兒子受傷的一位，最後卻由一平不經意地發現，而俊秀懵然不知。他過於依賴父母，凡事聽從父母旨意，從不過濾母親的決定是否合理、合適，當婚姻出現裂痕時，亦只會依從一平的建議，認為離婚就是唯一的出路，沒嘗試修補裂痕，

也沒找出問題所在。我沒有與麗媚會面過，不清楚她是否如一平所言，是個虐待兒子的媽媽，只是我很婉惜她貴為有識之士，卻不主動解決影響她一生的問題，強迫症不僅影響了她的婚姻，更有可能令她失去一盡母親責任的機會。

長輩不宜過度介入

一平也是拆散此家庭的凶手，她介入得太多太深了。婚姻的主角是俊秀與麗媚，他們如何相處、如何磨合，即使是最親密的媽媽，也只能擔當配角，分享經驗，善意提醒，而並非肆無忌憚地介入他倆的關係，主宰他們的生活。一平企圖成為主角之舉，使俊秀與麗媚的關係越來越疏離，最後以離婚劃上句號。

只要一平退後一步，給予他們一些磨合的空間；只要俊秀踏前一步，為家庭多付出一點；只要麗媚向旁走一步，審視關係的缺口，離婚絕不會是此段關係的終結。

**醫生
小建議**

社會對家庭成員的角色有着根深柢固的定位，爸爸在
外工作養家，媽媽在家照顧孩子，這是作為父母的角
色。新生家庭在適應新角色的責任之餘，亦不能忽視
夫婦的關係，側重任何一邊都並非一段健康的關係。
伴侶不願溝通，反映彼此長期忽視了夫婦間的相處，
當問題出現時，理應放下口中對兒子照顧的安排，留
片刻適當的獨處，多點關心身旁的伴侶，長輩可於此
時發揮其崗位，幫忙照料孩子，好讓他們重拾夫婦間
的溫馨，盡情享受二人世界。

小孩歸誰？（下）

無憂無慮是小孩子的專利，他們的年紀，本來就是天不怕、地不怕，想做甚麼就行動，想要甚麼就明言，沒有甚麼好擔心，亦沒有要他們憂心的事。以上所說的最理想的境界，小孩子的情緒，事實上不由他們控制，反倒是受着原生家庭所影響。

擔憂孫兒

由撰寫報告至今，事隔大半年，一平又再步入我的診所。這次，她攜同摯愛的孫兒正男來見我。還在候症室等候的她，多番叮嚀姑娘等會的面診，讓自己先行與我單獨會面，然後才陪同孫兒一同見我。

幾句寒喧後，一平表明是次會診的目的，她道：「我覺得孫兒有發展遲緩，他已經 5 歲半了，可是，仍是只會說單字。我看人家的小孩子，不到 4 歲已經對詩詞琅琅上口，我也不是要求正男聰穎過人，但至少能說句完整的句子。」

她續說：「麥醫生，你也了解我們的背景，正男有個這麼不正常的媽媽，我很擔心麗媚會遺傳了甚麼不良的基因給他，引致他患上不知名的精神病，希望你為他作評估。」

我容後問了一平一連串的問題，大致確定正男並非智

力不足，然後邀請他入診症室。第一個跑進我眼裏的，是一個瘦小的身影，看着他的小手緊緊捉着一平的衫角，半張臉埋在她身後，距他不到一米的我，彷彿也被他緊張不已的情緒感染到。為了令正男繃緊的情緒得到紓緩，我特以拉高聲線，以半卡通的語調向正男打招呼：「Hello！我是麥樂諾，你叫甚麼名字？」在一平的鼓勵下，正男終於在我旁邊的梳發坐下來，開始我們的聊天時間。事實上，也說不上是聊天，因為正男只是間或有一搭沒一搭地吐出幾個詞語，大部分的時間，均由一平代答。

孫兒的改變

　　法庭最終判定麗媚虐待兒童罪成，但由於她確診患上嚴重的強迫症，被強制送入精神病院，經過了大約半年的治療，三個月前在家庭法院的調解下，俊秀與麗媚雙方可共同監護正男，但最終的控制權由俊秀控制。正男每個週末都會到麗媚家，與媽媽共渡兩天親子的時光。最初，社署有派遣社工家訪，有時更會陪同正男一同前往麗媚家，社工大讚麗媚禮貌又盡責，與正男相處融洽，是個稱職的好媽媽。可是，自正男回復與媽媽的互動後，一平發現他的話變得越來越少，最近也能說一兩句簡單的完整句子，漸漸地，句子說得不齊，連生字也說得結結巴巴。一平更補充道，正男近來的情緒很不穩定，有時會無故大哭，特別是準備出門口之時，他會用不同的方法拖延時間，亦例行地吵鬧一番才勉強被拖出門。

為了排除正男有學習障礙或是語言發展遲緩，我請臨床心理學家為他進行評估，結果一切正常，正男僅有點反應不足，未達及遲緩的標準。我想對正男多作了解，邀請俊秀下次與正男一同前來診所。據我的觀察，俊秀對正男的關懷的確比之前多，但不知為何，我感覺到這兩父子間存在一層難以言說的隔閡。每當正男回答我的提問時，眼角總是不經意掃向俊秀，才舌舌吐吐地回答我。

　　「不如讓正男與我獨處吧！」我驀地冒出這個念頭，開口直接請俊秀在候症室等等。關上門，我單刀直入地問正男：「你是否覺得無時無刻都感到不安？是甚麼環境使你如此焦慮？」這個問題好像刺到正男的心裏，他淚眼汪汪地說：「我……我……怕媽媽……怕嫲嫲……爸爸又……」淚眼婆娑了差不多十分鐘，正男才冷靜點，以比較完整的句子對我說：「我不懂得如何面對他們！」接下來的傾談，正男斷斷續續地訴說他的擔憂。

大人之間的角力難為了孩子

　　原來，自俊秀與麗媚離婚後，正男就成為了磨心。麗媚極為討厭前奶奶，把離婚、上法庭以至被強迫入院都歸咎於一平身上，每次當正男提及一平時，她都一臉厭惡地直斥其非，不管好壞地否決一平對正男的教導，更不斷抹黑一平，只有媽媽才是正男可依賴的親人，一平充其量都只是隔了一層關係的祖母，着正男只可信賴媽媽。一平也是不省油燈，她自始至終都對麗媚沒好感，後來更虐待正

男，一向愛孫心切的她，對前媳婦更是沒半句美言，她不斷向正男灌輸「媽媽有病、媽媽是壞人」的思想，又把麗媚送給正男的禮物用藉口棄掉。

正男成為了麗媚與一平角力的繩索，三時被麗媚扯到右邊，五時又遭一平拉到左邊，年紀尚小的他，壓根兒沒能力分辨誰是誰非，也搞不清誰是至親。俊秀不是看不到她倆對正男施加的壓力，也不是感受不到其中的角力；只是，他一方面認定了麗媚的病令她變得難以相處，另一方面又躊躇正男是否需要麗媚的母愛，他亦是把持不定，不知如何是好，又不知應把正男放諸甚麼位置。每當正男有疑問找他時，他會以其他事情分散其注意力，沒有正面回答，最後不了了之。

正男不是不語，只是他不知道該說甚麼，未滿 6 歲的他，不懂像大人般偽裝，亦不會「見人說人話、見鬼說鬼話」，他不知如何處理祖母與媽媽的說話，亦不懂得如何應對她倆，不得已下只好噤聲，以零回應來應對兩邊不休止的爭持。我估計，正男逢出門必鬧脾氣的行為，是對外出去找媽媽或婆婆的恐懼，他不想成為繩索，被她們拉得「右左不是人」，無奈以小孩子的絕招——鬧脾氣，盡一己之力來逃避紛爭。

離婚後對孩子的關注不能少

　　正男的處境，正正體現了處理不當的離婚關
係對孩子的影響，「夾在中間」的感覺，會讓孩子
處於高度壓力的狀態，在雙方家庭跋扈的氣氛感染
下，孩子的焦慮、憤怒或是沮喪的指數會隨之上
升，往後的人生的旅途中較容易陷入抑鬱、自貶、
罪惡感之中。

　　離婚後，夫妻關係雖然結束，但父母關係仍
持續合作，俊秀與麗媚應盡能力降低對正男的衝
擊，他們雙方都應把孩子的需求放在首要的位置，
清楚而堅定地向正男傳遞：「爸爸媽媽對你的愛不
會改變。」的訊息。麗媚與一平對正男的情緒勒索
更不可縱容，離婚後雙方即使發生紛爭，但千萬不
能把問題加諸於正男身上，逼迫他做痛苦的選擇。
俊秀要重掌主導權，把一平剔除在離婚關係之外，
禁止其對麗媚、麗媚家庭添加個人意見，同時多與
麗媚及社工溝通，了解正男與麗媚之間相處模式及
態度。

醫生
小建議

很多家長認為，年紀小小的孩子，甚麼也不懂，因而
肆無忌憚的在小孩子面前互數對方不是，有時更滲入
祖父母輩的惡劣關係。針鋒相對、抵毀評擊，只會使
作為旁觀者的孩子一一看在心中，孩子只是未能說出
其感受，卻會以多樣化的情緒顯露出來。若家長不為
察覺，誤以為是精神出現問題，了解不到是自己對孩
子的情緒勒索所致。

完美的規劃

為孩子規劃未來，是每個父母由懷孕到生育，再到孩子長大成人，每刻每分都放在心上，掛在口中的事。我們經常說，未雨綢繆、有備無患，當難題來到時，方可以有效應對；所以作為父母，盡力為孩子鋪好未來的康莊道路，相信是雲集響應的。嘉燁就是如此的一個準媽媽，她對孩子的未來的路，早有滿腹大計。

已編纂好的人生劇本

嘉燁一面滿足地摸着自己那個七個月大的肚子，一面幸福地談論着對快將出生的兒子的滿腔期望。她自進入診症室後，話題就一直環繞着她兒子，孩子會像誰？孩子將來聰明嗎？應怎樣培養孩子的性格？

嘉燁問：「麥醫生，我想聽聽你的意見，畢竟我也希望兒子有如你般的成就，你覺得，賢字比較好？還是楓字比較得體？」

我隨心地給了點意見，正當嘉燁繼續滔滔不絕地發表對名字的意見時，我留意到她老公茫然不解的反應。由診症開始到現在，大概過了半個小時，嘉燁的老公一直默默地在坐在旁邊，不作聲也沒多加意見。就是談及孩子姓名時，他發表了一點個人意見，隱隱晦晦地表示對這個名字不太滿意。嘉燁一聽到老公持反對的意見，立即表現得非

常不耐煩，搶白地說：「你懂甚麼？醫生說的才是高見，你不知就裏就不要亂加意見。」容後的會談過程中，嘉燁明顯事事與老公針鋒相對，整個會診中，本來已經意見不多的老公，可以用沉默不語來形容。他們之間的關係，顯然非和諧還帶點緊張，在相約下次覆診日期時，我叮嚀姑娘分開約見他們。

嘉燁再次來到診所時，話題也是離不開她快要出生的兒子。我倒是蠻讚許她搜尋資料的能力，她不單連懷孕時對胎兒的照料都掌握得鉅細無遺，連出生後的培養，包括 2 歲前的在家教育、學前班、幼稚園、小學乃至到投身職場，都有完美的規劃，她對兒子人生的每一步，似乎已經完完整整地寫在記事本上，只要兒子一出生，就會成為她劇本中的主角，跟隨她的規劃步步前行。

破碎的原生家庭

傾談過程中，我不斷地旁敲側擊，逐少逐少地了解到嘉燁的童年經歷。她來自一個不完整的家庭，自小就知悉父母的感情很差，父母、祖父母連同自己，一家人住在一個 300 呎的公屋單位，可能環境實在過於擠迫，祖父母與嘉燁媽媽時有磨擦，而爸媽更無日無夜地吵架，嘉燁從小就很討厭回家，她覺得家與心煩劃上等號，因為家裏只有此起彼落的爭吵聲。在她快滿 10 歲的那年，父母終於離了婚，母親很快就改嫁，第二任老公不願意照顧嘉燁，母親也毫不留戀地放棄嘉燁的撫養權，只是拋下短短的一

句：「媽媽也有自己的人生，你以後要好好照顧自己，生生性性。」往後的歲月，嘉燁就交由父親照顧，父親是個傳統的男人，對她的管教很嚴厲，無論品行或是學業上，都有很高的要求，只要她稍為不達標，就會換來大聲叫罵，有時會加入體罰，以鞭策嘉燁。

媽媽不顧自己地離開，令嘉燁的童年都充斥着被遺棄的包袱，爸爸不善表達，只懂嚴懲而不懂關心，嘉燁的成長過程中，很少有人對其噓寒問暖，她從來都感覺不到關愛，因而缺乏安全感，思想傾向較為負面；她認為媽媽缺乏計劃，隨心把自己生下來，隨意把自己拋棄，才令自己不可避免地渡過如此不堪回憶的孤獨童年。自她計劃生育以來，她就誓言不可重蹈媽媽的覆轍，想盡一切能力讓孩子擁有一個完整的家庭，並在父母關愛的環境下成長，更要為兒子早早作好規劃，讓他活出與自己不一樣的人生。

未雨綢繆還是處之泰然？

我再與老公尊正對話，了解他對嘉燁的看法。尊正直言不滿嘉燁過分專制的態度，亦理解不了她何以如「緊張大師」般對待兒子的事宜。尊正生於溫暖和睦的小康之家，培養出樂觀豁達的性格；他覺得，所有事都會「船到橋頭自然直」，等兒子慢慢長大，就能確定自己的路，用不着為未知的將來擔憂太多。可是，嘉燁對他的見解大表不滿，認為他一副愛理不理的態度，是不夠疼愛自己和孩子的表現，因而事事與之唱反調，引起不少爭執。

個案剖析

夫妻相處貴乎尊重

　　在處理孩子的事前，先要解決嘉燁與尊正的問題，嘉燁要建立起對尊正的基本尊重，在討論事情時，不論是否與孩子有關，都應保留討論的空間，不要在有決定的心態下進行討論，因為這等於沒辦法坐下來溝通。當一方強行把自己的決定加諸另一方時，卻沒有說明決定背後的原因，很容易成為衝突源起。最簡單維繫婚姻的方法，就是視彼此為朋友。朋友的互動是能討論、可溝通、可分享的，如果他們的關係是單向的，由嘉燁一手決定，尊正只管服從，也許短時間內仍能維持下去，但長遠下去，愈不溝通會使關係越來越疏離，到想重啟對話之時，也不知從何入手。果然，在嘉燁「少了批判、多了接納」的態度下，尊正多表達了自己的意見，嘉燁亦發現原來尊正的想法並非她以為的不濟，有時反而帶給她全新的概念。

　　此後的治療中，我循循善誘嘉燁調整自己對兒子的想法，讓她先接受每個人對自己的生活都有選擇權，因不同的因素，有人會選擇於既定的生活軌跡上改變方向，而不自覺地改變了身邊人的軌跡。父母並不可以自行選擇，那倒不如改變自己的想法，嘉燁別先入為主地為媽媽冠上罪名，自己也不需要被拋棄的觀念牢牢套着，用盡一切方法，避免兒子步其後塵。嘉燁為兒子作每個決定時，試試拋

開原生家庭帶給她負面的影響，與尊正一同平心討論，理性地為兒子鋪路。挫折是每個人必經的成長過程，即使嘉燁把一切對兒子不利的因素排除掉，也不等於兒子能永遠風雨無阻地走人生路。

醫生小建議

傳統上，女性擔當着照顧孩子的角色，新手媽媽更易過於緊張新生子女，心底裏早已為丈夫劃定了規範，他擅長甚麼，可以為孩子決定甚麼，他有那些的弱項，絕不可讓他參與孩子那方面的教養……這些定位，不單局限了孩子的成長，更會令夫婦關係衍生不少矛盾，苦了自己，又難為了孩子。新手父母不易當，俗語有云：「三個臭皮匠勝過一個諸葛亮」，與伴侶有商有量地陪伴子女成長，總勝過把全部問題扛在身上來得容易。

無限循環

「媽媽，麻煩你下午又要來學校一趟！」
作為家長，收到學校來電，聽着這句開場白，應該憂多於
喜。一方面憂心子女在學校不知出了甚麼樣的狀況，另一
方面又怕為學校帶來困擾。由接到電話的一刻，焦慮的
指數就不斷上升，直至抵達學校，把事情弄個明白，焦慮
感又再度躍升。父母之憂慮，源於子女，同時也感染着子
女。父母與子女之間，有着相互影響的交集。

乖巧的小孩

在媽媽的印象中，子聰從來都不是個問題兒童，媽
媽有時更覺得他很聽話，在他牙牙學語之時，只要一張地
圖，就可以令他安坐一個下午。當時媽媽還收到不少的讚
許，說子聰那麼喜歡看圖看書，長大後定必成就非凡。

正當媽媽為子聰努力地鋪路之時，媽媽隱隱感到他的
「與眾不同」。特別是入學之後，幼稚園的教師偶然反映
子聰不合群，媽媽對此沒有很在意，認為子聰年紀尚小，
不懂與人相處，待年紀大一點時，性格會慢慢轉變。

「與別不同」的孩子

直到子聰 5 歲多時，媽媽終於驚覺子聰的的確確地
「與別不同」。觸發點發生在一個極平凡的下午，子聰如

常地沉醉在他的地圖世界，媽媽正要外去買菜，看着他從早上坐到下午，整整握着地圖 7-8 小時，心想不如與他外出走走，舒展筋骨。隨意叫了子聰幾次，最初的兩次，他不作回應，媽媽按捺不住，走到他面前大喊幾句，着他快點準備一同出門。不料此舉卻令子聰勃然大怒，他的反應很大，大叫大吵，一直叫嚷着：「我不要出門！我不要出門！」媽媽對於子聰突如其來的激烈反應，沒能反應過來，呆站了一會，子聰仍舊繼續大吵大鬧，不知如果是好的媽媽，只好不斷苦口相勸，解釋只是想他外出呼吸新鮮空氣、整天坐着不動對身體不好、目不轉睛看地圖亦對眼睛不利⋯⋯不論何種因由，甚至是苦肉計，子聰都不為所動，繼續自顧自的尖叫吵鬧。至此，媽媽終於驚覺到子聽的問題不會隨時日而得到改善。

更可怕的是，此種情況絕非偶一為之，而是無間斷地上演，只要稍有不順心，就會引發起子聰的激烈反饋。作為雙職媽媽，每天不單面對工作上的壓力，更要無時無刻擔心子聰，深怕一不小心，踏中了他的「地雷」，會釀成一發不可收拾的場面。子聰在學校的行為比家中更難處理，他經常性做出一些令人深感奇怪的行徑，同學們已明確表明對世界地圖沒興趣，子聰還是一個勁兒地滔滔不絕，跟同學們詳細分析各個國家的地理分佈。他像是活在自己的世界之內，看不懂他人的「眉頭眼額」，感受不到他人傳達的訊息。他的古怪舉止更令其在學習上出現明顯的障礙，經常性離位、不專心上課、迴避老師的發問，別說成就非凡，連趕上進度也甚為困難。

媽媽的憂慮

　　漸漸地，媽媽開始變得杞人憂天，每事憂、事事怕、擔心那些，又憂心這些。她最害怕的是，收到教務處的來電，只要看見電話螢幕上顯示教務處的電話，她的心就會跳得像是要逃出身體似的。媽媽覺得，自己快要因子聰的行為問題而崩潰。

　　終於，子聰一次如常的在校搗亂，觸動了媽媽的情緒大爆發，他不僅大發脾氣、亂砸東西，還出手傷人，把同學打到頭破血流，媽媽認為自己教出了一個不像樣兒子，又自責又氣餒，拉着子聰爬上學校天台，企圖一躍而下，幸好得到教師社工們的勸解，才不致釀成悲劇。

不是不理 只是不懂

　　經此一役，子聰被轉介到我診所。與媽媽及子聰會診完畢後，我心中不期然帶點惋惜，子聰本質上是個孝順的孩子，我猶記得傾談過程中，他跟我說的一句話：「我不是不想顧及媽媽的感受，我只是不知如何去照顧她的感受。」

　　這是自閉症人士最典型的性格特徵，他們會有情感或溝通上的缺憾，但並不代表他們「沒良心」，他們同樣對人存有關心之情，也會受着他人的行為情感所影響。當媽媽因子聰的古怪行為而憂心不已之時，子聰也確確實實地感受到，他因而變得更容易發脾氣，一想到媽媽有可能會出現負面情緒，他就很想控制自己的行為，但又不由自

主，往往最後行為會變得更激烈，他很惱怒自己向媽媽大
發脾氣，情緒更一發不可收拾。

及早發現 事半功倍

子聰的行為問題由來已久，只是媽媽對此的
敏感度較低，未能及早察覺問題所在，以致於未能
及早作出相應的訓練。雖說自閉症並無靈丹妙藥
可治，但如能從小作出社交及溝通的訓練，在成長
的過程，像子聰般性格善良的孩子，便能更易融入
社群，自身的性格亦不會因病情的影響而變得難以
控制。

父母與子女的相互影響

經年累月的照顧壓力，又令到媽媽應接不暇、
筋疲力竭，雙方相互地影響。子聰的衝動情緒，牽
動着帶媽媽的負面情感；媽媽的不快心情，又令子
聰的行為進一步惡化。這種互動的親子關係，不單
應用在病患的身上，在現今的家庭教育中，子女亦
非完全處於被動的位置，而是與父母相互影響。父
母的照顧方式，乃至自身的性格，會改變並塑造子
女的人格品質；而子女的情緒、個性和行為，亦潛
移默化地改變着父母根深柢固的觀念及恆之以久的
性格習慣。

作為父母，除了要無時無刻地教導子女謹言慎行，以身作則外，照顧個人的追求，亦要顧及子女的想法，當留意到子女情緒不穩時，也想想自身狀況。切記，在你對孩子言傳身教的過程中，子女亦在你的薰陶下不知不覺地影響着你。父母與子女，正正就這種密不可分的雙向關係。

醫生小建議

自閉症的孩子有許多教人摸不着頭腦又疑惑的行為，引來他人奇異的目光，甚至誤會他們是精神失常。父母變相承受了不少外間的壓力，更會因而互相指責，為教養自閉症的孩子而爭吵不斷。事實上，孩子的行為問題大多源於家庭，他們表現出來的極端行為，正正是反映了家庭相處出現問題，應把問題焦點專注於解決家庭問題而非孩子行為問題。

模範父親

明明我對孩子的要求不高，為甚麼他們偏偏達不了標？明明我只要求孩子多做一點點，為甚麼他們就是做不了？這應該是全天下的父母，每天每夜在腦中問自己幾百次的問題。是我們要求太高？還是孩子水準太低？

嚎哭的孩子

「咚、咚、咚」門口傳來幾下輕輕的敲門聲，房門被推開，姑娘小步走過來，把下位病人的病歷遞上，然後輕聲在我耳邊耳語：「麥醫生，能不能請你快點，外面的那位，讓其他病人很煩。」我當然聽得出來，從三十分鐘前開始，門外斷斷續續傳來小孩子的哭鬧聲，由最初的小聲哭泣、聲浪程度每五分鐘升一階，到姑娘進敲門時，已達到失去理智的嚎哭，其中還夾雜着成年男人的訓話聲。說實在，房內的診症或多或少受到影響，我被外頭的「噪音」分散了心，與面前病人的對話也給打斷了幾次。我對正應診的病人連聲抱歉，處方了相應的藥物，就請姑娘把外面還在吵嚷地病人請進來。

要把這個才 4 歲多的小朋友送入我房，可是花了好一番心思與力氣。爸爸強拉不行，媽媽苦勸不果，最終還

是要出動我的秘密武器 —— 樂 x 積木，才能成功把小超引入我房。

我的孩子有 ADHD

「麥醫生，我猜小超是患上了過度活躍症（ADHD）。」小超在旁邊專注地玩着手中積木時，爸爸小聲對我說。我沒有打斷小超，繼續與爸媽聊下去，詢問他們因何有此懷疑，爸爸逐一向我報告小超的「不專注行為」，包括不能安安靜靜把一份功課做完、經常在家中跑來跑去、無故情緒失控……。聽罷，我請爸媽給我一點跟小超相處的時間，再看看是否需要轉介臨床心理學家作進一步的評估。

大概過了二十分鐘，我請父母再次入內；同時，告訴小超，姑娘們有更多的積木，着他在等候處與姑娘們一起玩耍。待爸媽坐下，我問：「爸爸，你剛剛指的功課，大概有多少？小超的失控行為通常發生在甚麼時候？」爸爸回答說：「功課大概五頁紙，根據專家之言，資質較佳的小朋友，通常能在一個小時內完成。小超不是完成不了，但他得花上一個半小時，途中更心散，做一頁又跑去看電視，做另一頁又拿起旁邊的圖書。」他續說：「失控的話，有點飄忽，大概一半在我罵他時，另一半在我講電話之時。」

我大概掌握了切入點，轉而問及爸爸的成長經歷，他自言家庭背景簡單，家中父母健全，下有一個年紀比他小2歲的妹妹，全家均沒有精神病史。我留意到，每當小超

爸爸在談及其父親時，眼神閃爍着崇拜的光芒，猶如青春少艾看見偶像的眼神。

模範祖父

於是，我請小超爸爸多說點其祖父的家庭背景。小超的祖父年過 70，是家中的長子，早年由中國內地移居香港，四個弟妹中，只有兩個與他一起於香港落地生根，其餘兩個仍留在國內。祖父年青時經歷戰亂，有過一段生活艱苦的歲月，但幸好他能全身而退，帶着弟妹逃難到香港定居。祖父有個常掛在口邊的家訓：男人要有擔帶。祖父的確是一諾千金，不管弟妹人在何地，他都把他們照顧得妥妥當當，只要對弟妹有益，他從不吝嗇，犧牲自己也在所不惜；只要弟妹有事相求，他從不推搪，更言必信，行必果。弟妹在他的大傘保護下，得以成家立業，現時生活過得不錯。多年來，弟妹對他只有敬重，沒有輕慢；只有服從，沒有反抗。

小超的爸爸在祖父耳濡目染下成長，看着他為家庭所付出的努力，不僅敬畏其所作所為，更視祖父為模仿的對象，希望自己在家庭中擔當着同樣重要的角色，與祖父一樣，得到眾人的尊敬。事與願違，小超爸爸只有一個妹妹，在祖父的悉心培育下，兄妹兩人都得以在溫室成長，沒經歷任何人生大風浪，更遑論成為遮風擋雨的兄長。沒有履行家訓的內疚感，成為了小超的爸爸成長路上的遺憾。

　　小超的出生，帶給了爸爸填補遺憾的機會。小超 1
歲時，表弟也來到這世上。相差僅一年的表兄弟，很自
然的一同讀書、一同嬉戲、一同成長。因為小超爸爸不計
劃有第二胎，他打從心底裏就認定了，小超要肩負起照顧
表弟的責任，他是大哥哥，要如祖父般，做個有擔帶的
男人。

　　要把自己變得強大，才有能力照顧別人。爸爸為了培
養出一個「有能力」的孩子，要求小超事事做到最好。他
對小超的要求，可以媲美完美主義者。那怕小超在只答錯
了一題，爸爸都只會要求他下次全對無誤，而不管小超答
對了其他的九題。於是，爸爸只好更落力培訓小超，安排
各式各樣的學前班，又帶他周遊列國，接觸不同的文化。
反觀表弟，妹妹在養育上沒多費心思，不多不少，做好本
分，偏偏表弟的成長遠勝預期，各方面發展均超越小超，
學說話的速度比小超快、學走路比小超走得穩，連幼稚
園的排名，都名列小超之前。明明比別人付出多幾倍的努
力，卻達不到理想中的有能之士。爸爸唯有加重鞭策小超
的力度，務求趕上表弟的步伐。

迫出來的焦慮

　　小超並非患上過度活躍症，而是兒童焦慮症。
爸爸對完美的追求，正是導致小超焦慮的原點。說
實在，要一個小時內完成五頁的功課，對不足 6 歲
的孩子而言，未免有點苛刻。小超只需用上個多小
時完成，應當喜出望外，而非嚴厲指責。每次面對
爸爸的指責，小超都會暗罵「我真沒用」、「我討
厭自己」、「我甚麼都做不好」等的自貶想法。爸
爸經常與妹妹通電話，閒聊之餘，更會交換彼此小
孩的近況。爸爸每每在掛上電話後，得知小超稍遜
於表弟，立刻會重整學習計劃，以防進一步落後他
人。小超感到無限的無力感，即使如何加快步伐，
仍然力有不逮，依舊要面對不斷增加的學習目標，
他不想再面對這些看不到盡頭的壓力，遂以吵鬧來
逃避。

自我價值並非建基於比較

　　常言道「言教不如身教」，小超的祖父，於爸
爸的成長路上，為他上了確確實實的一課，他沒有
把家訓耳提面命地掛在口邊，而是以行動告訴爸
爸，要盡全力把家人安放在避風港，避免他們在外
遭受風吹雨打。我並不想要評論祖父的家訓是否正
確，反倒是要指出爸爸扭曲了其的家訓。照顧可以

是多方面的，誰說要成為有財之人，才能保護家庭？誰說要成為識之士，才能使家人免受欺負？要建構幸福家庭，和諧生活，關鍵在於對家庭的重視程度。小超爸爸應該做的，是培養出小超對家庭和諧的責任，要視家庭幸福為首要的關注點。並非與表弟不斷比較，教導小超要戰勝他人，通過比較讓自己顯得強大，只會令小超失去自我價值，爸爸的身教告訴他，他的價值，只存在於與表弟一較高下之時，而價值高低，只建基於成績與能力之上。

臨床的經驗告訴我，習慣從比較當中得到鼓勵的孩子，很大機會是過着辛苦的人生。為了獲得父母的鼓勵，他們會費盡心力來滿足父母設下的標準，而不管自己的感受；長大成人後，為了得到別人的讚美，他們會選擇答允別人的一切要求，壓抑自己的想法與需求，不讓自己過着真正想要的生活。而這些依賴他人的鼓勵來灌溉自信的孩子，難以從自己內在長出價值感，在沒自身價值又長期抑壓的狀態下，大大增加患其上情緒病的機率。

小超不足 6 歲，藥物不是首選的解難之道。再說，要釋除他的焦慮感，要由爸爸着手。爸爸把小超成長路上的小錯誤習慣性地無限放大，而並非教曉他面對錯誤，進而欣賞自己的好。小超的焦慮，一方面是爸爸強加其身上的壓力，另一面是他覺得

自己把事情搞砸了，辜負了爸爸的期望，積壓的挫折感把焦慮情緒進一步放大。

犯錯是進步的關鍵

通過往後幾次的會診，我調適小超的心態，把「犯錯是進步的關鍵」的觀念重新灌輸予小超，就如我們每一位，都是在挫敗中學習，在往後的人生路上，避開曾犯過的錯誤，繼續追求成功。爸爸在與小超一同調整心態前，要從新認識他由來已久的擔帶觀念，顧家是美德，但失去初衷麻木地一味追求，就會變成負擔，完全喪失箇中的意義。更不予以鼓勵的是，把這個擔子延續下去，要求自己的下一代擁有共同的想法，挑起一樣的擔子。儘管小超只是個幾歲的孩子，也並不代表他沒有自己的想法、自己的見解，爸爸要真真切切地學習尊重小超。

我慢慢教導爸爸在放下執念的同時，嘗試在小超情緒失控時，靜靜的坐在他身邊，陪伴他冷靜下來；然後傾聽他的心聲，再一起回到事情的根本作討論，將焦點放在小超的進度而非最後的成果，讚美小超所作的努力而非得到的分數，分享自己在成長過程中的失敗經驗，努力成為小超愈挫愈勇的模範父親。

166

醫生小建議

幾歲的孩子表達能力有限，難以喜怒形於色，哭鬧是他們唯一能表達對虎爸虎媽不滿的方式。如果父母僅把焦點落在小朋友的生理不適之上，就會忽略了其情緒問題的癥結及行為的偏差。小朋友出現情緒問題，同時亦反映着家庭結構存在裂痕，父母不能置身事外，把家庭問題與小朋友的身體及情緒狀況當成兩個分離的個體來處理。

走出
家庭壓力漩渦

跟情緒困局說再見

著者
麥棨諾醫生

責任編輯
陳芷欣

裝幀設計
羅美齡

排版
楊詠雯

出版者
萬里機構出版有限公司
香港北角英皇道 499 號北角工業大廈 20 樓
電話：2564 7511　　傳真：2565 5539
電郵：info@wanlibk.com
網址：http://www.wanlibk.com
　　　http://www.facebook.com/wanlibk

發行者
香港聯合書刊物流有限公司
香港荃灣德士古道 220-248 號荃灣工業中心 16 樓
電話：2150 2100　　傳真：2407 3062
電郵：info@suplogistics.com.hk

承印者
美雅印刷製本有限公司
香港觀塘榮業街 6 號海濱工業大廈 4 樓 A 室

出版日期
二〇二一年七月第一次印刷

規格
大 32 開（213 mm × 150 mm）